終生　知的生活の方法

～生涯、現役のままでいるために～

渡部昇一
Shoichi Watanabe

装幀……㈲堀図案室

刊行にあたって

本書は２０１６年から２０１７年初頭、渡部昇一先生より原本（『老年の豊かさについて』）の原稿の修正及び追加の原稿をいただき刊行の準備をしておりました。ところがそのさなか、渡部先生が、同年４月17日にご逝去され、そのままになっておりました。しかし、渡部先生がお亡くなりになられた後、日本はいよいよ人生１００年時代が現実になりつつあります。

終生、知的生活を実践された渡部先生の教えは、現代の老後の過ごし方について、大事な指針を与えてくださっております。寿命が１００歳に延びつつある今こそ、本書を世に出す必要があることを奥様の渡部迪子様にお話したところ、快くご賛同いただきました。

人生１００歳まで、どのようにすれば知的に生きていくことができるのか？　知の巨人、渡部昇一先生の残された知恵の遺産に触れていただければ、この上ない幸いです。

㈱扶桑社　書籍編集部

はじめに――妻からみた渡部昇一の知的生活

家庭での主人は、理屈より行動の人でした。「口より実行」。渡部昇一の知的生活のコツといえば、この一言に尽きるのではないでしょうか。

たとえば健康法。主人は真向法という柔軟体操と、英語の原書を音読する発声を日課にしていましたが、毎日厳密にやるのではなく、「できない日があっても構わない」くらいの調子でやっていました。

「これとこれはきっちりやる」と決めてしまうと、できなかったときにイヤになってプツンとやめてしまう。だから二、三日やらなくても気にしない。そのほうが、「しばらくやっていないなあ」と気軽に戻って来られる。いい加減にやったほうが長続きすると言うんです。

書道のお稽古もそうでした。決められた日時に通うのではなく、月に三回、都合の良い日曜日を書道の先生と二人で選んで、いらしていただく。興が乗らない日は二、三枚でやめておく。テクニックだけでなく、書や道具の大切さを雑談のように教えていただく。四〇年以上も続けられたのは、先生に来ていただいていたこともありますが、自分のペースで楽しみながら続けられたことも大きかったかもしれません。

ちなみに主人は「ご褒美」も大好きでした。書道ではお茶やお菓子をいただき、散歩ではコーヒータイムを取る。ちょっとした楽しみをくっつけないと続かない。いい年をして、子供みたいですよね（笑）。

子供たちに対しても、理詰めで接することはありませんでした。学校の成績が悪くても気にしませんし、忘れ物をしても叱りません。

子供が忘れ物をするのは普通のこと。子供の頃の成績が人生を決めるわけじゃない。そう言って、テストで悪い点を取っても担任に何を言われても、涼しい顔をしていました。

でも、放任かといえば、そんなことはありません。おてんばだった長女が「ボクシングが好き」と言えば子供用のグローヴを買い与える。首が細かった長男を心配して、呼吸器を鍛えさせようと縄跳びをさせたり三角倒立をさせる。「長男が気弱ではいけない」と言って、柔道着を買ってきて習わせようとしたこともありました。

しかも、本人たちにやらせている間、主人はそばについてずっと見守っているんです。軌道に乗るまではほったらかしにせず、責任を持って監督する。すごく子煩悩なところがあったんですね。

長男が音楽の道に進もうしたときも、「好きなことをすればいい」と背中を押してやっていました。

音楽家のような不安定な仕事に就くのを反対される親御さんもいますが、主人は「うまくいかなかったら、トラックの運転手でもなんでもすればいい。今の日本では食いっぱぐれて死ぬようなことはない。やりたいようにやりなさい」と。子供の将来も、あれこれ言うより実行することを重視していたのだと思います。

渡部昇一といえば、論客として舌鋒鋭いイメージなのでしょうけれど、夫としての主人は、わりとあっさりしていました。

もちろん夫婦喧嘩もしましたが、お互いに言いたいことをワーワー言い合っておしまい。相手を責めたり、何かを強要させるなんてこともありません。怒って口をきかなくなるということも一切なかったですね。

主人はよく言っていました。「世間のご夫婦は、喧嘩すると納得するまでやってしまうからいけない」と。

主人はカトリックでしたから、離婚しないのが大前提。離婚しないと決めたら、多少のことは我慢できる。どうせ別れないのなら、本音を言ってあとは忘れてしまったほうがいい。不満を抱えてイライラしたりぶつかり合うのは時間の無駄だ、というわけです。

そういえばいつだったか、主人が私に洋服を買ってきてくれたことがありました。ものすごく派手で、私からすればとても着られないような服でしたが、主人いわく「女性は派手なものを着なければいけない。華やかなものが服としては一番だ」。

でも、とてもじゃないけれど着られませんし、とても高価なものだったので、レシートを持ってお店に行って、別のものと交換してもらいました。

せっかくの贈り物を悪いことをしたなとも思いましたが、着もしない洋服にお金をかけるのはもったいない。可愛げがないと思われたかもしれませんが、浪費癖のないところは好ましく感じてくれていたと思います。

主人は姉が二人の一人息子で、両親と祖母から溺愛されていました。身の回りのことは何でもしてもらい、至れり尽くせりの中で育ちました。私は甲斐甲斐しく尽くすタイプではなかったので、結婚当初は不満もあったと思います。

おまけに主人は結婚前、妻にする女性のチェック項目のようなものを持っていました。主人なりの理想があったのでしょう。英語ができる人とか、いろいろな条件があったようですが、私は英語もできませんし、すべての項目に当てはまりませんでした。

一体どこを気に入ってくれたのか、今でもよくわからないのですが（笑）。結果的に生涯を共にすることができたのは、理想や理屈より、目の前の結婚生活を大事にしてくれていたからかもしれません。

主人は最後、自宅で亡くなりました。病院に通うのを嫌ったので、お医者様に来ていただいていました。我慢できないほどの痛みがあったようですが、痛み止めのモルヒネは最小限に抑えていました。

モルヒネを使うと頭が朦朧としてしまい、時間もわからなくなるし、何も考えられなくなってしまう。不覚なことはしたくない。責任の取れない言動はしたくない。そう考えていたからです。

実際、主人は何事も任せきりにしない人でした。どこかへ行くときの道順さえ、人任せにはしたくない。最後は自分でしっかり判断したい。大切なことを自分でコントロールできなくなるのが心底嫌だったのでしょうね。

ただ、壮絶な痛みがあっても、カトリックのシスターにお祈りしてもらうと、十五秒もしないうちに深い眠りに入っていました。

主人はカトリックでしたが、信仰に関することはほとんど口にしませんでした。信仰についてあれこれ語るのは慎ましやかではない、「君子、怪力乱神を語らずだ」と言って、信仰について人前で話すことをよしとしませんでした。でも、そんな主人が、最後の講演会でたった一度だけ、こんなことを話していたそうです。

「徳の高い神父やシスターのお祈りは素晴らしい。痛みに苦しんでいる自分に効いたのは、西洋薬でも漢方でもない。徳の高い方のお祈りだけだった」

信仰について公《おおやけ》の場で語ったのは、後にも先にもこの言葉だけ。多くを語らずとも、奥深くで主人を支えるかけがえのない軸だったのかもしれません。

少しでも痛みが和らげばと、私と娘が主人のふくらはぎをさすっているとき、主人は「俺は世界一幸せな男だ。家族にこんなにしてもらって本当にありがたい」と何度も言っていました。

家族に感謝の言葉を伝えることも、主人らしい「口より実行」だったのかもしれません。

平成三〇年九月

渡部迪子

目次
Contents

第二章

知的生活とは、孤独と社交のバランスにある

第三章

九〇歳を超えて知的であり続けた人たちに学ぶ

第四章

知的に暮らすための大事な方法

第五章

知的老後生活とお金の関係

第六章

誇りをもって人生をまっとうするために

第一章　「自分である」ことの本質は記憶である

人生で大事なイメージ・トレーニング

スポーツでイメージ・トレーニングということがとても流行《はや》っています。どうも効き目があるらしい。スポーツでイメージ・トレーニングをするのに、どうして人生においてイメージ・トレーニングをしないのでしょうか。

人はそれぞれ志が違いますので、私がこうだから、人も同じことをすればいいとは申しませんが、私の例を一つ挙げてみます。

高校を卒業後、ある時、恩師の佐藤順太先生の家に招かれました。戦前に、英語の先生をなさっていましたが、とっくに退職なさっていたのです。それが戦後英語教師不足のため、隠居生活から教壇に呼びもどされたのでした。当然、その時はお年を召しておられました。猟銃《りょうじゅう》、猟犬では日本有数の権威で、戦前、三省堂版百科事典の猟銃の項目を担当されたり、海外の猟犬の本の翻訳をされていました。

私は、その先生のお宅で、初めて知的生活者の生活を見たのです。今から考えると、そう広い書斎でなかったと思いますが、本物の書斎を見たわけです。

先生の家は、おそらく高級武士の家系だったと思うのですが、書物の詰まった桐の慳貪《けんどん》が天井まで堆《うずたか》く積まれていました。

英語の先生ですから、二十数巻の英語の百科事典がありました。百科事典では一番小さいネルソンでしたが、当時、英語の先生とはいえ田舎で個人が英語の百科事典を持っているということはあまり考えられませんでした。それから、分厚いスタンダードの英語辞典もありました。

書斎の片隅には碁盤があり、囲碁では地元の鶴岡市では一番強かった方と聞いています。書斎の外には小川が流れていて、小川の五〇メートルぐらい先には青竜寺川《しょうりゅうじ》という藤沢周平の小説によく出てくる川がありました。

そういう部屋で老先生が、昔の人ですから、着物を着てゆったり座って、たばこを喫《の》みながらいろんな話をされるのです。私は心底こういう老人になりたいと思いました。

これが人生に対する私のイメージ・トレーニングのはじまりで、今日まで揺らいだことがありません。この程度の志なら達成できるものです。それがそれからの私の人生におけるすべての努力の種子になりました。

先生のお宅には英語の本だけでなく、和書・漢書がありますから、私は、大学に入ってからも、夏休みに帰郷すれば、夜は家にいるよりは先生の家にいるほうが多いくらいお訪ねしました。そして、いろんな話を聞きました。

たとえば、「学校で『伊勢物語』がいいと勧められました」と言うと、「『伊勢物語』は藤井高尚に限る」と言って、さっと出される。それが藤井高尚の『伊勢物語新訳』の木版本なのです。その草書体で書いてあるのを先生は読んでおられていたのです。これは大いなる刺激でした。

一事が万事です。大学の漢文の授業で「書経を読まされています」と言うと、「ああ、尚書かね」と言って大きな文字の目のさめるような木版本を示されるというふうなのです。私はこういう老人になりたいと、まだ二〇歳にならないうちに、晩年までのイメージができあがりました。

師とは、自分で見出していくもの

その先生は、私にとっては決定的な影響力があって、英語を志したのも、その先生のおかげです。ところが、私がその先生のことを書くものだから、その本を読んだ同級生と同級会などで会うと、話題になります。でも、「そういえば、そういう先生もいたよな」という程度しかおぼえていない同級生もいるのです。私にとっては親にもかえがたいほどの重要な先生なのに、そういう先生がいたことさえも不確かな同級生たちもいるわけです。

ある先生が本当の意味での自分の「師」になるかどうかというのは、波長の問題です。自分で見出すものです。若い時は、自分が何を求めていたか、自分でもわかりませんでした。しかし、私はその先生の姿を見て、これだと思ったわけです。でも、他の人は思わなかったわけです。

先生を訪ねたのは私だけではありませんが、英語をやって書斎人になろうという志を立てたのは、私一人です。これは波長の一致というか、そういう先生にめぐり合わなかったら、私は何をやっていたかわかりません。

関西大学の名誉教授で、近代日本文学に関する書誌学のオーソリティーであられる谷沢永一先生にも、やはりそういう先生がいらしたそうです。谷沢先生の説ですが、「学問においてある程度のことをやった人の話を聞くと、必ずいい先生にめぐり合っている。その先生は必ずしもみんなにとっていい先生であったのでなく、その人にとってのいい先生が必ずいた」というのです。

その先生を見つけるのは、心の中に何か求めるものがあって、それが相手の波長とカチンと合致した時だと思います。

孔子が「これを如何《いかん》、これを如何《いかん》といわざる者は、吾《われ》、これを如何《いかん》ともするなきのみ」（『論語』衛霊公第十五）と言ったように、やはり何かやりたいという志を持っている人が、先達《せんだつ》となるべき人にパッと会わなければダメだと思います。

昔の小学校の修身か国語かの教科書には、「松阪の一夜」という話がありました。本居宣長《もとおりのりなが》が賀茂真淵《かものまぶち》と一晩かけて話をした時に、賀茂真淵が『古事記』はまだきちんと読まれていないというようなことを言ったらしいのです。それで、宣長は、その後三〇年間かかって『古事記』を全部解読しました。そういう師とのめぐり合いは、たしかにあるのです。

師というのは、必ずしも学校の先生でなくてもいいと思います。仕事の上でも、古典に出てくる人でも、あの人のようになりたいとか、そういう人が必ず現れるはずです。志は百人百様です。政治家、実業家、軍人、外交官、教師、技術者……といろいろあります。私の知人の息子で、自分の結婚式の挨拶で「自分は立派な商人になります」と言った男がいます。彼は現在、立派な中小企業の経営者になっています。

老後に必要なものは、少数の友達そしてカラオケに行ける財産

年をとってくると、私はいつも師の言葉を思い出します。佐藤順太先生が「背広の襟がシワになっている洋服は、乞食《こじき》階級のものだ」と言っておられたのです。「若い時は何を着てもいい。でも、年をとってから着るものがないというのは、いかにも寂

しい」ともおっしゃっていた。

林語堂《りんごどう》という世界的なベストセラーを書いたシナ人学者も、年をとると、ある程度の富が重要になると本に書いています。

また、日本で最初に東大の哲学の教師をしたラファエル・フォン・ケーベル先生は、上野の音楽学校（今の東京芸大）でピアノを教えたという本当の教養人でした。この人も、「欲しいものは少数の友達と安定した財産」と言っています。

政治家や実業家は沢山の友人、あるいは友人と称する人を持つこと、つまり豊かな人脈を持つことが必要であり、持っていると思いますが、本当に利害抜きで気の合った友人、会えば一緒に飲食して楽しいという人はそう多数はいないのが普通でしょう。ケーベル先生は友人としては生活の仕方も考え方も少し古風、保守的な人が好ましいと言っていますが私も同感です。

西洋の偉人も東洋の偉人も、同じことを言っているのです。私はこれは本音だと思うのです。

老後の経済について言えば邱永漢《きゅうえいかん》さんは、年をとってから一番健康に悪いのは、商売に失敗することだと言います。若いうちはやり直しがききます。でも、年をとってからの失敗は、心理的なダメージも大きく健康に悪いと言います。一番健康にいいのは、年をとってからも成功を維持することだそうです。

実業家などで高齢になっても、いつまでも会長職などにしがみつこうとする人がいます。月に一度ぐらいは高級料亭に行って、若い芸者とバカ話をしたいのでしょうか。私は、これはわかる気がします。本当なら、自分のお金ですべきところですが、戦後の税制ではそれができないので、名誉会長などになって、予算を組んでもらっているのでしょう。

昔は、私有財産に対する法律の保護が厚く、税金も高くなかったので、ある程度の仕事をして成功した人、息子に家を継がせて引退した人は、月に一〜二度懐石料理を食べて、芸者相手にバカ話もできました。これは、老齢の気を紛らわす最高の道らしいのです。

料亭で遊ぶのは相当の贅沢《ぜいたく》ですが、それができることは、「お座敷」という日本文化の枠を体験することにもなりましょう。

私は、友達同士でカラオケあたりに行くのもいいことだと思っています。歌うのは、体にもいいようです。歌詞も全部覚えたらよいと思います。好きな歌を覚えるのは、知力向上のためにもいいのです。

現代詩は暗記しにくいものです。言葉を並べてつくっているので、作者も二度と言えないようなものもあります。

ところが、カラオケに出てくるような歌詞は、特に演歌系のものは保守的な詩です。「山の淋しい湖にひとり来たのも悲しい心」と七・五・七・七になっていて、覚えようとすれば、詩として覚えられます。私自身も、月に一度の研究会の後は、もっぱら歌いに行くことにしています。

「自分である」ことの本質は記憶である

かつて、私は『ローマ人の知恵』（集英社インターナショナル）という本を書きました。その巻末に、私のラテン語とのつき合いを書いていますが、あれは知的生活の、いわば記憶編なのです。

人間というものは究極的に何であるか、自分とは何であるかと考えると、私は、「自分とは記憶である」と思うのです。

たとえば、私には子供が三人います。この子供たちは、過去において私の役に立ったことは一度もありません。一方的に私が育てて、みんな巣立っていきました。特に親孝行をしてもらっているわけでもなく、誕生日にレストランに招いてもらうぐらいのものです（近頃の若者はレストランとかワインに詳しい）。そしてたまに高いものを買ってくれと向こうから言って来るぐらいのものです。役に立っているのは秘書の女性です。これは子供の一〇〇倍も役に立っています。

ところが、私が今、遺言状を書くとしたら、秘書に家や土地を残すとは書きません。それはなぜかとみずからに問うわけです。今の秘書は一年前から来てくれているんですが、非常に有能ないい方です。その前の方は二〜三年、あるいは六年ぐらいという人もいました。いずれも、私の目から見れば申し分のない秘書でした。子供の一〇〇倍も役に立つ秘書ばかりでした。

しかし、遺産の場合どうしてそっちに素直に残さないで、子供に残したいのかと考えると、これが記憶なのです。

子供は小さい頃から育てて、かわいかった頃の記憶があります。この記憶のために遺産を残したくなるのです。よく考えると、ばかばかしくなってしまいます。

むしろ残すのなら、実際に役に立つ秘書のほうがいいのではないか。もっと年をとったら、看護師さんのほうがいいのではないかという感じになりますが、日本はまだそこまでいきません。

さすが外国はもっと先に行っています。つまりこの点での先進国です。偉い著作家などで、遺産は秘書に残すとか、看護師さんに残すとか、よくあります。彼らのほうが自分の気持ちに素直だと思います。

古書の学会に必ず出てくる金持ちのユダヤ人の老人がいました。彼の側にはいつもエレガントな服装をした知的な感じの婦人がついていました。「随分若い奥さんを持っているな」と思って見ていたものでした。その老人が亡くなりました。それでもその若い婦人は学会に出てくるのです。聞いてみるとかの老人の夫人ではなく、看護する女性だったのです。しかも遺産は受け継がれたようです。二人の様子を見ていた私などは、「当然だ」と思っています。しかし、今の私にとっては、やはり記憶のほうが重要なのかなと思っています。

記憶喪失した人、あるいはボケて子供の顔がわからない人、あるいは配偶者の顔もわからない人は見ていても悲しいものです。その人は、もう「その人」ではなくなっているわけです。だから、人間の本質は記憶であると考えています。

特に私は、理科系でなく人文系です。人文系は記憶さえ失わなければ、年をとるほど有利です。なんといっても読んだ本の数は、二十代のどんな秀才よりも何倍もあります。

だから、二十代の人が数年かかって書くようなレベルの本を、谷沢永一先生は一年に一〇冊書けるわけです。記憶を失っていないからです。だから、記憶は重要だなということは前から気がついていました。

記憶力を倍増させる、二回暗記法

意識的に記憶力を強めようとしたきっかけは、今から二〇年以上前です。当時、私のいた上智大学が七年間に一度ぐらい、半年ないし一年、教員が学校を休めるサバティカルという制度を導入しました。

初めのうちは、こういう制度はありませんでした。というのは、昔は外国に行くことはめったにないことで、めでたいことでしたから、二年でも三年でも行っていても、学校は文句を言わなかったどころか、祝福してくれたのです。

ところが、高度成長以来、誰でも外国に行けるようになりますと、なんとか統制をとらなければなりません。それで七年間に一年ぐらいとなったわけです。私が最初にその制度で行くことになったのは、四七~四八歳の時でした。

一年間、休みになって、さあ、どうしようかなと考えた時、ラテン語を寝転《ねころ》んで自由に読めるようになりたいなと思ったのです。

上智大学が特別にラテン語講座を開いていたので、私は大学二年生の時から、ずっとその講座をとっていました。ただ一週間に一度、しかも一コマでしたからたいしたことはありませんでした。

留学でドイツへ行った時もやはりラテン語が必要で、これも一週間に一度ぐらい勉強していました。博士論文は中世のラテン文法が重要な分野でしたから、これはやりました。中世のラテン語文法史を読んだのです。これはある程度一生懸命読めば、どの本を見ても似たようなもので、読めてもたいした自慢にもなりません。

ラテン語の古典文献あるいはギリシャ語は、ハマトン（『知的生活』の著者）の教訓では、「古典ラテン語はすらすら読める必要はない。すらすら読めるようになるためには人生の半分が必要だし、忘れないためには、あとの半分が必要だ」と、あります。勉強しないための理由を実にうまく言っています。

しかも、ギリシャ・ラテンの全古典は、対訳つきで出ているのです。これはおそらくハマトンにヒントを得てできたものです。ハマトンは対訳がいいと言っています。それで、レープというユダヤ人の大金持ちが金を出して、全ギリシャ・ラテンの古典を英語との対訳で出したのです。だから、それはわざわざ古典を原文で読む必要はありません。

ところが、近世の学者もやはりラテン語で書いているのですが、これはほとんど訳本がないので、ラテン語が読めなければならなかったのです。読んで読めないことはないけれども、えらく時間がかかるし、正確に読んでいるという自信もないような気がしていたのです。

それで、一年間わざわざ休みをもらったのだから、スペインに行って、朝から晩まで古典叢書に入っていないような近世の学者が書いたラテン語をすらすら読めるようになりたいと思いました。

たとえば、シナの古典は全部日本語で読めます。『論語』でも、『詩経』でも、『易経』でも、『史記』でも、みんな訳が出ています。『国訳漢文大成』みたいなものはいろいろたくさんあります。

ところが、日本の漢学者の漢文で書かれた日記は、翻訳などありません。それに相当するラテン語で書かれたものが、イギリスにもいっぱいあるわけです。それをすらすら読みたいと思いました。そのためにはラテン系の国で、それまで二〇～三〇年間、ぽつぽつやってきたラテン語の仕上げを一年間やってみようと思ったのです。そうしたら、スポンサーがつきまして、エディンバラに行って研究してくれないかと言われました。これは抜群にいい条件だったのです。エディンバラにも、やることはたくさんありました。

ちょうど私は、その頃『イギリス言語学史』を書いていたのですが、ヒュームとかアダム・スミスが出た頃のエディンバラは、言語学でも、ものすごくいい論文がたくさん出ていたのです。日本ではほとんど研究も紹介もされていませんでした。だから、これは行きましょうというわけでエディンバラに一年行きました。この一年は、それなりに私の人生にも学問にも豊かなものをもたらしてくれたと思っています。

それからまた七～八年後に、サバティカルの休みがめぐってきました。その時は半年でした。半年といっても、普通の半年ではないのです。それが決まると、大学の試験が一月で終わって、採点すれば、二月の入試には関係しなくてもよくなるのです。だから、十月の授業開始まで八カ月休める。その休みに当たったわけです。

その時は、本を書いたり、翻訳したり、非常に忙しかったのです。それから、私は六月頃に郷里に帰りました。夏休みとか正月休みには帰ったこともありますが、学校勤めをしていると、他の時期は帰れません。実に四〇年振りでした。そこで、鶴岡出身の友達を誘って四人ぐらいで温泉を回って、いい気分になっていました。

その後はまた原稿を書いたり、講演をしたり、なんとなく忙しくて、ふと気がついたら授業が始まる十月になっていました。

その時に私は愕然《がくぜん》としたのです。七〜八年前の第一回のサバティカルの時は、ラテン語でもやろうかなと思って計画を立てていて、たまたまエディンバラに行きました。ところが、今回は何の特別な計画も立てられずに、仕事は結構忙しかったのですが、それきりで終わってしまったのです。

「われ老いたり」

つまり「将来のことを考えなくなってしまった」というのが、五五〜五六歳の頃の感慨と反省です。

これはいかぬ、では、何をしようかというので、その七〜八年前に戻ってラテン語をやろうと思いました。まず、自動車に乗っている時間はすべて暗記にあてる。当時、タクシーなどに乗っている時間がわりと多かったのです。

何から始めようかということで、研究社の『英和大辞典』の巻末にラテン語の引用の付録がたくさんついていますが、それから始めました。それは一カ月もたたないうちに、みんな暗記してしまいました。その次に、フランシス・ベーコンのエッセイの中に出てくるラテン語の引用文全部も、一カ月足らずで全部暗記してしまいました。でも、どうも歯ごたえがない。

今度は、アングロ・サクソンの法律のもとになったマキシム（法律格言）の三百何十ページの本です。これにはラテン語の本文と英訳と和訳がついている。三倍に膨《ふく》らんでいるわけですが、これを全部暗記してやろうと始めました。

内容は全部法律の文言ですから、相当長いものもあり、車の中だけで暗記するのですから何年もかかりました。それを二度やり、終わった頃には六〇歳を超えていました。

これで少し実力がついたかなと感じたことは、グナイストの『イギリス憲政史(Constitutional History of England)』を読んだ時です。著者はベルリン大学の法律学者で、伊藤博文に明治憲法のもとになるものを講義した人です。この人はイギリスの最初の憲政史の通史を書いた人です。ドイツ人が最初に書いたのだから、考えてみたら、おかしなものです。

その英訳本（二巻）が手に入りました。これを読んでみたのですが、注にラテン語の法律が翻訳なしで、いろいろ出てきます。この注のラテン語をさっと読んでだいたいわかるようになった。それは法律格言集の本を二回暗記しているのですから当然ですが、力がついたなというううれしさが実感としてありました。

それが終わってから次は何をやろうかと考えました。岩波書店の『ギリシア・ラテン引用語辞典』、ラテンの部だけで、補遺を含めると約八五〇ページの大冊でしたが、これを六五歳からやろうと決めた時、これは死ぬまでに覚えられるかなと思いました。しかも、車の中だけです。よし、やってやろうと思って、車に乗る時間を増やしました。

それまでは、上智大学に通うのに地下鉄の始発に乗って四谷まで行きましたので、必ず本が読めたのです。それをやめ、贅沢ですがタクシーにしました。片道だいたい六〇〇〇円です。帰りは電車です。

しかし今、学生が家庭教師をやっても、一回教えれば一万円くらいは取るらしい。私が家庭教師を雇えば、一回一万円で雇えるわけはありません。だから、タクシーの運転手を家庭教師と見なして、乗っている時間はひたすら暗記する。家から四谷までだいたい一時間かかりますから、一時間六〇〇〇円、一〇分間一〇〇〇円。私は人間がケチですから、フワッと窓の外なんか見ていられません。

そういうことで一生懸命やったこともあって、一回目の暗記が終わりました。付録が終わったところで、二回目が始まりました。二回目に入ったら、ものすごく実力がつくことはわかっているのです。

『ギリシア・ラテン引用語辞典』は名文句で、法律の文句のように決まり切ったことをきっちり言う内容ではないので、暗記しにくいものが随分ありました。それでも始める前は全然わからなかった難しい言葉が、四〜五年たつと、一読してスッとわかるようになっているのです。

そうならないものもあるのですが、二度目の暗記をやれば、みんなそうなります。

三度目をやったらもっとわかるでしょうから、記憶力維持のためにも、死ぬまで続けようと思っています。

老年になっても、記憶力はものすごく強くなる

そのプロセスにおいて、非常に注目すべきことが起こりました。

私は、三十代の頃に、漢詩と和歌の朗詠《ろうえい》を先生についてやっていたことがあるのです。

漢詩は七言絶句が多いのですが、絶句は四行ですから、暗記して朗詠することができるのです。実際にそうしている人もいます。

なかには律詩《りっし》がありますが、八行になった途端に、初めから暗記する気にならないのです。初めからできないと思い込む。また、律詩を暗記して朗詠している人も見たことはありません。今、朗詠はやめていますが、そういう記憶がありました。

ところが、ある時に書棚をいじっていたら、朗詠をやっていた頃の教則本四巻が出

てきました。それをパラパラと見ていたら、菅原道真《すがわらみちざね》の「秋思」の律詩八行があるのです。朗詠を習っていた頃は毎日やっていましたが、暗記できるとは思ったこともないし、実際に暗記できませんでした。

こんなものもやったな、いい詩だなと見て、また書棚に戻して、はしご段をおりてきたら、なんとなくその詩がみんな言えそうなのです。それで書いてみたら、ほぼ書ける。二、三、間違っているところはありますが、これはすごいぞと思って意識的にやってみたら、スラッと書ける。それのみならず、他の八行の漢詩もやってみたら楽々と暗記できました。

朗詠を習っていた時から後は、特に漢詩の暗記などはやっていないわけですから、これは記憶力そのものの進歩だと思います。

雪の日の朝、一条天皇の中宮が「香炉峰の雪はいかに」と言ったら、清少納言がさっと立って、簾《すだれ》をかかげた。それは白居易《はくきょい》に「遺愛寺の鐘は枕を欹《そばだ》てて聴き、香炉峰の雪は簾を撥《かか》げて看《み》る」という有名な詩があるのを意識して、清少納言がさっと簾を上げたという話です。この話は、私は学校でも習いました。

その時の白居易の律詩は、先生だって全文は覚えていなかったと思います。非常にいい詩なのです。ああ、そういうのもあったなと思いながら一〇分か一五分見ると、すぐ書けるのです。これを私が高校生や中学生の頃にできたら、先生は天才だと言ってくれたはずだ、惜しかったと思いました。

ドイツに行った時、私は民謡の会に入って民謡を多少覚えたのですが、そう何番までも覚えられません。ドイツ国歌は難しくて、ついに覚えませんでした。ところが、よし、これを覚えてやろうと思って、これも車の中で覚えてみると、三番まで歌えるのです。

「Gaudeamus《ガウデアムス》 igitur《イギトゥル》」という、古いラテン語の学生歌があります。ブラームスも「大学式典序曲」の中に使っている有名な曲ですが、十番まであります。これを私のゼミのゼミ歌にして、三番まで歌っていました。それを十番まで覚えてやろうと思ってやってみたら、すぐ覚えられたのです。

大学院の学生たちにも三番まで覚えさせています。「君たちも十番まで覚えてこい」と言ったけれども、まだ誰も覚えません。私だけスッと覚えてしまいました。それでも学生たちには、「君たちを責めないよ。おれも君たちのような三十代、四十代の時には記憶が悪かったから」と言っておきました。

威力を発揮してきたのは六五歳を過ぎてからです。カラオケでも、歌詞を覚えようと思ったらパッと覚えられます。一～三カ月したら忘れますが、覚えようと思ったら、また一〇分で三番でも四番でも覚えられる。記憶力は絶対に鍛えることができます。

ラテン語をやっていて、ラテン語の覚え方が早くなるのは、ラテン語が上達しただけの話ですが、それによって記憶力全般も強くなるのです。和歌なら和歌をたくさん覚えようと努力したら、それで脳が強くなるはずです。カラオケ三〇〇曲、三番でも五番でも全部暗記するぞという志を立てたら、その人の記憶力はものすごく強くなるはずです。

年をとると記憶力が減退するということはまったくの間違いです。まさに逆順になりうるのです。

今でも思い出すのは、たとえば上智大学に行く時、岩波の『ギリシア・ラテン引用語辞典』のコピーを持って歩いているわけですが、やり始めた時は、何度となくあくびが出ました。なんで暗記をしようとするとあくびが出るのかなと思いましたが、やはり脳に酸素が足りなかったのでしょう。そのうち、だんだんあくびが出なくなって、暗記できるようになります。脳が活性化して、酸素のとり方がよくなっているということだと思います。

アメリカの心理学者ウェイン・ダイアーも、年をとるとすべての能力が衰えるわけではないと言っていますが、それを実践するには一〇年がかりぐらいの覚悟が必要です。

しかも、私の場合、飛躍的によくできたのは、上智大学への通学の車中の暗記でした。帰る時は講演会などからの送りの車がつくこともありますから、必ずしも自分で車代を払うわけではありませんが、出かける時は必ず六〇〇〇円取られます。一〇分一〇〇〇円ですから必死になります。だんだんあくびも出なくなって、どんどん暗記できるようになりました。

そんな私でも、相当長い文章は見ただけでゲッとなります。オウィディウスの詩なんか、どうしてこんなデタラメな言葉の並べ方ができるかというほど、ラテン語は不規則に並ぶわけです。それをあくびもしないで暗記できるようになるのです。

だから、少なくとも記憶力に関しては、若い人よりも私のほうがいいぞという確固たる自信があります。私の周りは、外国で学位を取ってきたばかりの人とか、三十代、四十代の優秀な人がいるのですが、暗記させたら私のほうが早い。

ラテン語でも、ドイツ歌曲でも、英詩でも、漢詩でも、なんでもいい。これは愉快なことです。

年をとれば記憶力が悪くなるというのは、必ずしも本当ではありません。「年とったら、どうも物覚えが悪くなって」と言う人に、「じゃ、若い時はよかったの」と聞くと、そんなことはありません。学生の時、試験の前の晩に勉強したことを覚えられなくて困ったはずです。今さら始まったことではありません。

人の名前などは、私は若い時もそう覚えていたわけではないので、今覚えられないからといって悲観しませんし、特に覚える努力もしません。

しかし、若い頃は逆立ちしても覚えられない、覚える気にもなれなかったことを、今になって楽々と覚えられるということは、厳然たる事実です。

第二章　知的生活とは、孤独と社交のバランスにある

理想的な知的生活とは?

知的生活では、生活のあり方が問題になります。

知的生活とは、孤独と社交のバランスです。これはハマトンも観察しているところです。

ハマトンは、理想の知的生活をおくるために、一つはスコットランドの孤島に塔のような建物をつくって住みたいと言っています。聞こえるのは波の音、仰ぎ見るものは星や雲だけ。

そしてあとは、ロンドンに教養ある人たちとつき合いができる落ち着いた家があればいいと言います。その家を訪ねれば、いつでも温かく迎えられ、レベルの高い会話ができる。

孤独だけでは、どうしても縮こまってしまい、よくない面が出てくる。そうかといって社交ばかりでは、一人で静かには住めない人間になる。そのバランスが重要ではないかと言うのです。

ゲーテは、孤独を好んだと言われます。しかし、やはり人とつき合うところは持っていました。

フンボルトも、城を持っており、そこで一人、新大陸をふくむ自然学的な世界像を考える研究をしていましたが、やはりパリでの社交の必要性や重要性も説いています。大都市と孤独は、その両方とも彼の知的生活には欠かせないものだったのです。

田舎に住んで大都市へ出てくる生活もあれば、大都市の中にいて、田舎的に住むこともできます。

陶淵明《とうえんめい》のつくった詩に、

結廬在人境　廬《イオリ》ヲ結《ムス》ビテ人境《ジンキョウ》ニ在《ア》リ
而無車馬喧　而《シ》カモ車馬《シャバ》ノ喧《カマビス》シナシ
問君何能爾　君《キミ》ニ問《ト》フ何《ナン》ゾ能《ヨ》ク爾《シカ》ルヤト

心遠地自偏　心遠《ココロトオ》ケレバ地《チ》自《オノズ》カラ偏《ヘン》ナリ
採菊東籬下　菊《キク》ヲ採《ト》ル東籬《トウリ》ノ下《モト》
悠然見南山　悠然《ユウゼン》トシテ南山《ナンザン》ヲ見《ミ》ル
（以下四行省略）

というのがあります。

「盧《いほり》を結んで人境に住む。馬車に乗って訪ねてくる偉い役人もいない。どうしてそんなことができるのかと言うけれども、心がうるさいところから離れておれば、おのずから住んでいるところは僻地《へきち》のようなものだ」の意です。

その後は漱石も引用したように、「東の垣根《かきね》の菊を切り取っていると南山が見えてくるというわけで悠々たる気分だ」と言っています。

これは、東京あるいは東京付近でも、心がけ次第でできます。

私は、まだ配偶者もいない若い頃、この陶淵明の詩を読み、そのとおりにしたいと思っていました。そのためには、空間が必要になります。一〇〇〇坪から三〇〇〇坪の屋敷が欲しいと本気で思っていたのです。

これは、あながち不可能ではないのです。私は学校が四谷だったので、よき妻を得て、車で毎日一〇～二〇分かけて駅まで送ってもらえれば、中央線の遠いところなら土地もタダのようなものだし、買えるのではないかと考えたのです。

ただ、教師になりたての私がそんなことを言ったものですから、先輩諸先生方の猛反発を食らいました。「何を生意気な」と言われたのです。戦後間もない頃ですから、先輩の先生方は二〇坪ぐらいの焼け跡の家に住んでいます。それを新米の私が一〇〇〇坪だの三〇〇〇坪と言ったのですから、さぞ不愉快だったろうと思います。

駅まで自動車で運んでもらえばいいという考えも、反感を買うもとでした。自家用の自動車ということは、当時の先輩の先生方の発想にはなかったのです。

私はドイツの留学中に私の先生の奥さんが先生を毎日のように自動車で送っていたので、私にもできるのではないかと思ったのですが、あまりにも怒られたので、その計画は断念してしまいました。

それから二〇年くらいたった後で、八王子の山の中にたくさん大学が移ってきました。大学が進出する前なら、土地はいくらでも買えたはずです。

結局、都内の青梅《おうめ》街道の近くの関町に居を構えました。それでも私が住み始めた頃は、まだ水道もガスもありません。水洗便所もなければ、道路の舗装もされていません。雨が降ったら長靴で出かけなければならないという場所でした。文明的なものといえば、電気だけです。

うちのやや近くまでは青梅街道を広げておりましたが、もう少し先に行くとバスが通ると民家の軒《のき》をこするような時代です。その時代に西八王子まで行けば、一〇〇〇坪でも三〇〇坪でも絶対手に入れられたと思うのです。今から思えば、惜しいことをしました。夢に結びつけることができなかったのです。

私の子供は音楽の方面に進んだこともあり、近所の迷惑にならないように、また近所の音も邪魔にならないようにもがき苦しみ、工夫しているうちに「ロの字」の家になってしまいました。

もっと広いところに建てられればよかったのですが、私道分に土地をとられ、一〇〇坪の敷地を囲い込んだ形になりました。

囲い込んではじめて、そのよさを実感しました。囲い込むようになってから、外に出たくなくなり、無理に散歩に出るようにしたほどです。

外の音は入ってきません。二階も道路に面したところはすべて押入れにして囲いました。

真ん中のあいた中庭には池があって、鯉《こい》を放していますし、水鳥も来ます。

これが三〇〇坪もあれば、どんなにいいだろうと思いましたが、ロの字の家を完成したことで私の住環境問題は一応解決しました。解決しなかったのは本が増え続けたことぐらいです。

とにかく、これは家の中の音を外に出さないようにしたために、逆に外の音が入らなくなったという当たり前の原理でした。この原理は、E・クレッチュマーの『天才の病理学』という本からヒントを得ました。

この本はニュートンを一種の精神の病気と考えています。

ニュートンは頭の中ではいろいろなことを考えています。ところが、外に出さなかったのです。主著『プリンキピア』は、ハレー彗星《すいせい》で有名なハレーのおかげでできたものと言われています。

ハレーは豊かな家の息子で、天文学を好み、よく星の観察をしていました。ところが、それまでの学説ではどうしても説明できないことがある。ヨーロッパ中の偉い先生の話、どの学説を検討しても理論と実測値が合わない。

そこでニュートン先生を訪ねたところ、教えてくれたと言うのです。ハレーは、よほど感じのいい青年だったのでしょう。

でも、ニュートンはハレーに惜しそうに教える。ハレーは、それをニュートンの著書として出しました。これがニュートンの一番の著書になっています。

ニュートンは、何を考えていたかわからないという人でした。

ニュートンの神経を、病理学者はスペイン、あるいは南欧の家の昼下がりにたとえています。たしかに、スペインや南欧に行きますと、家は何のそっけもない石造りです。

しかし、ひとたび門をくぐって中庭に入ると、ものすごく樹木が茂って、内側に開いている。中ではドンチャン騒ぎしていても、外から見るとそっけない石の家があるだけにしか見えないのです。

ローマでも、外からは汚い壁が見えるだけなのに、中に入ると豪邸という家があります。カータヘーナでも、何もない岩山の上に元修道院があります。ひとたび城壁の中に入ると堂々たる庭園があり、家が全部中に向かって開いているのです。これだと思いました。

私の家は、そんなに壮大にはできませんが、外側を全部封鎖して、こぢんまりと内に開いたものに進化、つまり継ぎ足されてきています。

子供たちは、三人とも音楽家になりましたが、三人同時に練習しても、お互いに邪魔にならなかったし、私の仕事の妨げにもなりませんでした。

子供たちが三人とも巣立った後は、朝は外の音で目が覚めるということはありません。昼寝をする時も、静かなものです。聞こえるのは中庭に来て水浴びする鳥の声だけで、癇《かん》にさわることもありません。

これが私の老いを迎えてからの都市における住環境の知恵の一つではないかと思っています。（数年前に移転。今の住居も同じアイデアで建てました）

騒音に敏感でなければ、知的ではない

この頃は都心部でも防音性の高いマンションができているので、「ロの字」の家でなくても音の面からよい住環境ができつつあります。

知的生活をおくるためには、昔の人は鴨長明《かものちょうめい》の『方丈記』にあるように山に籠もっていました。今はそんなことはできません。王康琚の言葉にも「小隠は陸藪《りくそう》に隠《かく》れ大隠は朝市《ちょうし》に隠れる」とあります。これは小物は丘や森のあるところに隠棲《いんせい》するが、本当の隠者は街の中にいるという意味です。街の中にすみかを得るなら、郊外ではロの字の家が可能です。都心部ならば、防音に配慮したマンションが必要ではないでしょうか。

私は、やかましいところでは知的生活は不可能と考えています。

騒音に関して、鈍感な人もいれば、敏感な人もいます。しかし、どんなに鈍感な人でも、生体である以上、騒音に抵抗するためにエネルギー、あるいはビタミンのよう

な栄養素を猛烈に消耗しているはずです。だから、音が気にならない生活が望ましいのです。

私は、騒音に対して敏感でなければ、知的ではないと考えています。常に無騒音の境地、そういう場所の確保が必要です。家全体は、ロの字にでもしなければ都会では無騒音にはできません。少なくともその部屋に入ればどこからも音がしない部屋を一つ持つことは、若い頃から心がけるべきです。こうすることで、神経の疲れがまるで違ったやすらかな老年期を迎えられると思っています。

シャルル・ド・フーコーという神父がいました。フーコーは元来フランスの貴族で、サン・シールの陸軍士官学校を出た人です。

彼は放蕩《ほうとう》の限りを尽くし、ミミという娼婦とともにモロッコで贅沢な生活をします。ところがある時、一念発起して修道士になるために、最も厳格なトラピストに入ります。それでも物足りなくなったフーコーは、ついにサハラ砂漠のタマンラセットに入ります。

ここは本当に何もない砂漠だそうです。誰もいません。神父ですが、ミサも挙げられないほどです。ミサというのは二人以上いなければいけないことになっているからです。

こういうところでは、神と直面し、自分に直面できます。フーコーは、戦後のカトリックの人ではよく読まれています。曽野綾子さんや森本哲郎さんも、何度もフーコーをたどって彼の地を訪ねておられるようです。

私は、エジプトのピラミッドを見に行った程度で砂漠らしい砂漠には行ったことはありません。が、サハラ砂漠のようなところでは、普通の人間が何もなくなった状況に自分を置くことができると、曽野さんは書いています。

たとえば夜、喉が渇いても砂漠には何もありません。我慢するか、持っていった水をちょっと飲むしかありません。普通の家にいれば、「ああ、喉が渇いた。ビールにしようかな」、ビールを飲むなら「おつまみは何にしようかな」となります。

砂漠では欲求に対する連絡路がはじめからすべて断たれているのです。何もない状況を人間は普通体験できません。でも、何もない状況になって初めて見えるものがあります。

曽野さんも森本さんも、砂漠が好きだと言います。こういう極限の体験も、人によっては貴重です。ただ、これは万人の道ではありません。

ですから最低限度、無騒音の部屋は、なんとか確保したいものです。そこに座れば、何も騒音の入らない部屋。寝てもいいし、起きてもいいし、本を読んでもいい部屋。忙しい人がいつでも逃げ込める部屋が必要なのです。私は、以前に潜水艦のような部屋が欲しいと書いたことがあります。

ただし、これを若い人が言うと引きこもりと変わらなくなります。子供にカギのかかる部屋に住まわせる必要はありません。人間には発達段階があるのです。あくまでも、成熟期を迎えた人にとっての話です。

理想的な場所「スコットランドの離れ島」と「ロンドンの客間」

カトリックの修道院の神父さんたちは非常に献身的、かつ活力に溢《あふ》れています。神父さんの先生は、うるさい質問も嫌がらずに答えてくれますし、ヘタな英語も丁寧《ていねい》に添削してくださいます。

　そのかわり、訪問してはいけない時間が、何時から何時までと厳しく決められております。たとえば昼食後の時間などは昼寝などをなさっている方もあるようです。神父さんが、いつも学生たちに親切でにこやかだったのは、ひとたび修道院に入れば、完全なる静けさが保障されていたからだろうと推察しています。

　昔の日本には、完全に保障される自分の空間というのは普通の家にはありませんでした。でも、もし沈黙の場があれば、そこから出た時は、常に上機嫌で愛想よくしていられるのではないかと思います。外へ出ている時にいつも不機嫌な人は、静寂な時間を求めて逃げ込む場所がないからではないかと、私は日頃から思っています。

「逃げ込む」というと語弊《ごへい》があるのですが、どこからも侵されない空間や時間を持ち得る人は、外へ出た時にいい人間関係を築けるだけのエネルギーが残されていると思います。

　ハマトンは、絶対の孤独と、ロンドンの教養ある話のできる交際の場との対比を、

「スコットランドの離れ島」と「ロンドンの教養ある階級の客間」という極端な例で表現しています。結論的に言うならば、誰からも侵されない静かな部屋と、人との交際が自由にできる状況が交互にあるのが望ましいということになります。

谷沢永一先生も主にご自分の部屋で仕事しておられるようですが、対談や鼎談《ていだん》などで外へ出て交際もなさいます。大部分の時間を書斎で過ごされても、これは引きこもりとは全然違います。一晩みんなとカラオケで歌うのもお好きです。

私は幸い、若い時に書いた本が望外にもベストセラーになったおかげで、毎年何度かいろいろな分野の先生方と対談の機会を与えられ続けてきました。私は他の予定を犠牲にしてでも、対談だけは喜んで引き受けてきました。

編集者が対談相手として選んでくれるのは、東京外語大の学長をやっておられた中国学者の中嶋嶺雄さんなど、みんな何か面白い仕事をした人、重要な業績をあげた人など立派な人たちばかりです。得るところが非常に多く、これが孤独癖のある私には実にありがたい機会となっているのです。

ハマトンにおけるロンドンの学問・教養ある社交の世界が、私にとって一番いい形であらわれるのがこうした対談であり、月に一〜二度の研究会です。さらに、すでに教授陣となった教え子たちとの集まりです。こういう集まりが、孤独と交際のバランスを私に保障してくれているのです。

これは、人によっていろいろですが、若い頃から心がけていないと、老年になっていざと思っても、なかなか構築できないのではないかと思います。

定年後、できなくなることがあるという心構え

私の親しい人の中には、定年退職後、得意のボーカルを生かして、合唱などで生き生きと活動されている方がいます。リタイア後もこうして人とつき合う要素は非常に大切なことです。

つき合い方は、人によっていろいろです。もちろん最近ならボランティアもいいでしょう。ただ、知的生活をおくりたいのだったら、知的な会話を楽しめる仲間、相手を求めていくことです。

ところが、やはりこれがなかなか保てないのです。

昔、私の周りにはクラシックが非常に好きな人たちがたくさんいました。ところが今、その人たちの大半がクラシックの演奏会に行っているかというと、十中八九行っていません。

実は私は、本当に音痴で育ちました。結婚してから家内の影響で、生活に音楽が入ってきたようなものですが、年を重ねるごとに純粋に音楽の魅力を感じられるようになりました。

ところが不思議なことに、私が民謡ぐらいしかわからなかった頃にクラシックを聞いていた友達が、今になってクラシック音楽から、どんどん足が遠のいている感じなのです。生活環境の変化から来るものなのでしょうか。

青年の頃は、どんな環境にあっても「いい音楽はいいな」と感じます。昔は音楽喫茶などがあって、わざわざ聞きに行ったりしたものです。

しかし、クラシック音楽も、日本の社会的雰囲気の中で継続的に聞くためには、相当の条件を満たしていないといけない。これは年をとってからは意外と難しいことなのかもしれません。第一、音楽会の切符代がかかります。交通費も要ります。配偶者、あるいは友人（特に異性の）と一緒なら外食の費用も考えなければなりません。それやこれやで隠退して時間があっても、若い頃に好きだったクラシック音楽会には足が遠のく人が多いようです。

今、四〇歳以下でクラシック音楽をお好きな人がたくさんいます。六〇歳、七〇歳になったら聞けなくなるかもしれないということを念頭に置く必要があります。

老年に読むと大きく変わる小説の見方

蔵書には、いろいろな種類があります。谷沢永一先生のような、趣味と本職を兼ねた蔵書をお持ちの方もおられます。

読書は、自分の趣味だけで読むものもありますが、年をとった場合と若い頃とでは違いが出てきます。

私は、どんな面白い本も、昔の文庫版では読めなくなりました。まず、目がつらいのです。昔の岩波文庫級の文字は、小さくて読む気になりません。

年をとってからの読書は一つの贅沢です。そうしなければいけないというわけではないのですが、昔読んで面白かった本、もう一度読み直しておきたい本は、思い切って高価な版を買うことです。それが老年の知的生活の支えになります。

若い頃は、字の細かい文庫本で勉強できます。そんな版でドイツ語の本を読んだりもしました。ところが、ある程度の年になると、それができなくなります。

活字が大きく、ゆったりと組んだ本や、楽しむため、自分の精神的な共感を得るために読めばいいという本は、私は豪華版で手に入れるようにしています。

年をとってからの本のつき合い方の一つとして、一年に一冊ぐらい豪華版を買うのもいいのではないかと思います。こうした精神的な贅沢は、決して悪くないと私は思っています。その点、漢文の本でも国文学の本でも木版本は有難いですね。字が大きいですから。

私は若い頃、川端康成さんも読みました。

『雪国』は読んだはずなのですが、何を書いてあるのか覚えていない。駒子という女がいたというぐらいしか覚えていなくて、筋がまったく思い出せないのです。『山の音』は深いことを書いてあるような気がしたし、『千羽鶴』は、私の知らない世界で気になったまま何十年も読んでいません。

近年、急に川端康成が読んでみたくなり、かといって今さら文庫本でもないので、初版本や革装丁の豪華本を集めて読みました。

今にして思えば、版がよかったから読み返せたのだと思います。

年をとると、若い頃読んだ小説とは見方が変わります。『山の音』は、丁寧に書いてはあるものの、終戦直後の日本を扱ったかなり際物《きわもの》のような気がしました。『雪国』は筋もないし、「つまらない」の一語に尽きました。これぐらいなら誰でも書けるんじゃないかという感じさえしました。

『千羽鶴』は、ちょっと異常な状況で川端さんが自分の骨董《こっとう》趣味をひけらかすために書いたのかと思えるような、安っぽさを感じました。

少なくとも、川端さんがこれらの小説を書いた年よりも、私は年をとっているわけです。小説は怖いところがあります。こちらが年をとると、「何を青臭いことを書いて」という発想になるのです。

一番極端なのは夏目漱石です。

夏目漱石の『道草』は、漱石の弟子たちが一番褒めた作品です。私は、初版本を持っています。

特に漱石の初版でうれしいのは、字が大きい点です。考えてみたら、当時、普通の人は小説など読みません。小説の一番のお客様は花柳界の人と言われていて、薄暗い部屋やランプの明かりでも読めるように、字が大きくしてありました。

私が『道草』を読んだ感想は、「?」でした。

『道草』は、自分の女房のお父さんから借金を頼まれた官立の学校に勤める主人公が、給料担保はできるが、果たしてその危険を冒してまでお金を義父に貸したものか貸さないものかと悶々《もんもん》と悩むところだけが丁寧に書かれているのです。

漱石の弟子たちは、まだ就職をしていないぐらいの年ですから、それをものすごく深刻な人生小説として読みました。

ところが、五〇歳ぐらいの時に読むと愕然とします。もし若い講師や助教授が私にそんなことを相談にきたら、そんなものは三〇分で解決できることで、小説のタネにはなりません。

ところが、漱石の俳句や漢詩は違うのです。詩の感動というのは、小説とは違います。読者が年をとってからでも感動させられるのです。

たとえば、島崎藤村が若い時につくった『千曲川旅情』の「小諸《こもろ》なる古城のほとり雲白く遊子《ゆうし》悲しむ」は、今読んでも、ジーンと来るものがあります。

詩、ポエトリーは、年齢を超越したものがあり、若いうちから詩を読む時間をとっておくほうがいいと思います。小説だけでは、古典ですら年をとってから読むとバカらしくなることがあります。

小説に限りません。

明《みん》の洪自誠《こうじせい》の書いた『菜根譚《さいこんたん》』という本があります。

私は、ある時、谷沢先生との対談で、『菜根譚』の有名な箇所を取り上げて、感想を述べ合いました。

ところが、「こんなことは日本では通用しない」「明の時代のシナ人だからこんなことを言うのだろう」など、賛成できることよりも、賛成できないことのほうが多くなってしまいました。

洪自誠は、私よりも若い時期に『菜根譚』を書いています。若い人の書いた教訓は、やはり限られてくる。年をとった人と若い人とでは、教訓に別の意味があるのです。

しかし、さすがに『論語』はたいしたものです。年をとればとるほど、なるほどと思います。伊藤仁斎《じんさい》が「最上至極宇宙第一の書」と言ったのも納得ができます。

孔子が特別偉かった他に、『論語』は七〇歳以上も生きた人――当時としては今の百歳にもあたる長寿者――の言葉を、すぐれた弟子が集録したものですから、こちらが年をとってから読んでも新鮮な感銘を受けるのでしょう。

つまらない本は、どんどん捨ててしまえばいい

知的生活には、能動的知性と受動的知性の二種類があります。

哲学用語にも、インテレクトゥス・アゲンス（能動的知性）、インテレクトゥス・

パシーブス（受動的知性）の二種類があります。

年をとって、ポーッと瞑想《めいそう》しているのも悪くないと言えば悪くはないのですが、それはイヤだという人もいます。

能動的知性の一番のいい例としては、谷沢永一先生や物理学者だった三石巌先生を挙げることができます。しかし、誰もが物を書く必要はありません。短歌などは、案外年をとったほうが、しみじみとよくわかることもあるだろうし、短詩なら、それほど想像力がなくてもできるかもしれません。

ただ、私の観察から言えば、能動的知性を働かせるような老年に入りたければ、若い時から蔵書の工夫をすべきだと思います。

今ならパソコンやインターネットを使った知的な工夫があるかもしれません。ただ、パソコンやインターネットは情報を集めるのには便利ですが、情報を集めるのと自分の頭の中身をつくるのとは、また別物です。自分が感心した箇所には赤線ぐらい引きながら本は読みたい。そして、つまらない本はどんどん捨ててしまえばいいし、これはという本なら座右に置きたい。そうしているうちに頭の中身ができてきます。

能動的な著述には、当然レファレンスが必要になります。間違ったことを書くわけにいかないので、しょっちゅうチェックする必要があります。

老年になって物を書けなくなるのは、このチェックができなくなるからです。現役時代に名著をものにした有名な先生が、大学を辞めるとパタッと書かなくなることがあります。

たとえば、有名大学などは、あらゆる資料がそろっています。ところが、大学を辞めるとレファレンスがしにくくなるのです。なぜなら、後輩の先生のところに年中顔を出すと嫌がられるだけなので、行きにくくなるのです。ふと気がつくと、レファレンスがないために調べるのは大変だという億劫《おっくう》さが出てきて、物が書けなくなるのです。

ところが、谷沢先生は若い時から趣味も多く、本をずっと集めておられました。五〇坪という普通の常識からはかなりはずれた書庫をお持ちになるほどです。谷沢先生は、学校の役職には一切つかず、自分の時間をつくり本を読まれました。

そうすると自然に、年をとればとるほど書くことは増えます。

谷沢先生の蔵書は、大変参考になります。先生は、いわゆる古書店が高く値をつける古典の稀覯書《きこうしょ》は集めませんでした。

何千万円もするような古今集写本などには一切目をくれず、むしろ古書店が見向きもしないような雑本を丁寧に集められたのです。

そして、それらの本を読んでいるうちに、谷沢先生は、雑本のようなもののほうが意外に正直なことを書き、堂々たるもののほうが案外ウソを書いていることがあるという発見をします。

国会図書館にも置いていないような雑本を何巻ずつかテープにおさめたものが、六十巻になっています。それだけの資料があれば、ちょっとテーマを思いつけば、面白い材料はゾロゾロと出てくるはずです。

インターネットがあれば、必要な本が、日本国内でも世界中でもわりと早く見つかります。

私が新渡戸稲造《にとべいなぞう》の本を書いた時には、彼のある資料が必要になり、インターネットで探しました。そうすると、探している新渡戸稲造に関する本が鹿児島の田舎町などから出てきたりします。

資料探求面ではインターネットは非常に便利ですが、これは読む作業とはまた違います。

若いうちにインターネットに頼ってばかりいると、年をとってから困ることになると思います。

大学で学生たちの卒業論文を見ていた時に感じたことですが、以前は論文の文献目録を見れば、どれだけ勉強したかがだいたいわかりました。「これも見ている。あれも見ている」と感心したものです。

ところが、今はまったく参考になりません。文献がズラズラと書き並べられているだけで、果たしてどれだけ実際に見たのかはわかりません。結局、何が言いたいのかだけを見るしかないのです。

自然科学の分野なら、データを集めればいいいかもしれません。でも、少なくとも人文系では、何を言いたいのかをはっきりさせる必要があります。考える頭をつくらなければならないのです。

考える頭を持って、先人たちの考えに自分もゆっくり対決する、あるいは読んで教えられるようでなければいけないのです。これは読書という作業以外にはあり得ません。

苦労してでも、若い頃から読書を続けることです。そして役に立った本は捨てないこと。レファレンスの本は、じわじわと年月をかけて整えていく。

普通の人の場合は、そんなにたくさん本が要るわけではありません。ただ、学者商売をしている人間は、学術研究や著述の資料として、一般の人たちとはケタの違う本が必要になるのです。

インターネットで補えないところこそ、核心的に重要である

私は、大学の先生たちが定年とともに活躍できなくなる例をあまりにもたくさん見てきました。

私は若い頃、図書館に行くのが、ものすごく時間の無駄であることを発見したので

す。これは、体験してみないとわかりません。

私は若い頃、偶然に大学の図書館の建物の中に住んでいたことがありました。大学の図書館は七時ぐらいで閉めます。閉館後は、私が番人のようなものですから、館内のどこにでも行けます。

私はそこで一人で本を読んで調べ物をしていましたが、参考書が必要になった時には、なにしろ図書館内にいたのですから、貸出手続きもなくすぐに目的の参考書を手にできたのでした。

その時の効率的な経験から、私は一つの洞察を得ました。

大学図書館には、厖大《ぼうだい》な数の本があります。でも、九九・九九パーセントは私と関係ない本です。自分に関係のある本だけならば、自家用の小さなライブラリーをつくれるのではないかと考えたのです。谷沢先生もきっと同じように考えて実行なさったのでしょう。

公立の図書館、大学の図書館は、あらゆる人のあらゆる関心をすべて集めなければいけませんから、彪大なものになります。でも、自分だけのものならたいしたことはありません。

高階秀爾《たかしなしゅうじ》さんは、東大の美術の先生で、西洋美術館の館長もなさった方です。高階さんとは若い頃に私もよくつき合い、一緒に本をつくったりしました。高階さんは、その頃マンション住まいでした。

マンション住まいで参考文献を多く必要とする学術的な本をどうして続々と書けるのだろうかとずっと疑問に思っていたのですが、ある時、その疑問が氷解しました。同じマンションの別の階にもう一世帯分を書庫として持っているとのことでした。

今は、インターネットでどんな知識も網羅《もうら》的に集めることができます。でも、インターネットでは補えない分野が、実は一番核心的ではないかと思うのです。

自分の精神に関係した作業は、他の人の研究したデータを集めるのとはまた違います。自分の精神に関係したことは、とにかくゆっくり活字をにらんで、またもとへ戻ったりしないと育ちません。

比喩《ひゆ》的に言えば、外的な学問的業績は高層建築を建てるようなものです。かなりすばやく組み立てることはできます。

しかし、自分の生活に根ざした部分、内的生活が関与した部分は、樹木のようにゆっくりとしか育たないのです。しかも、ゆっくり育つ一番の根っこの部分は土に隠れて暗いところにあります。

カーライルは、「ハチも暗いところでなければ蜜をつくらない」と言っています。目立たないところ、ひっそりしたところ、誰からも見られないところで、本一冊を前に考え込んだりしたことがだんだん自分のものになるのです。

自然科学系の人が一人で実験室にこもることで思想を得ることもありますが、大部分は実験などの資料にもとづく外的（自分の内面生活と関係のない）業績でしょう。しかし外的な業績と内的な業績は本質的に違うところがあります。

私は、樹木的な生活こそが本物の知的生活だと思います。高層建築的業績は知的生産です。「生活」と「生産」は同じではありません。稀に一致することもありますが。

第三章　九〇歳を超えて知的であり続けた人たちに学ぶ

若い時の体の強弱は、寿命と関係ない

旧制中学の同窓会がありました。

私が出た旧制中学では、入学した時に生徒は一五〇人いました。戦争中だったこともあり、疎開《そかい》の人も大勢来ていたので、その後は全部で約一八〇人ぐらいになりました。

幹事がつくってくれた名簿によりますと、明らかに亡くなった人が四八人、行方不明・連絡のつかない人が約五〇人です。ですから、同窓生のうち五〇人以上は亡くなっていると思っています。これは私が七十三歳の時のもの、つまり十数年前のものでしたが、ざっと三分の一以上は亡くなっているのです。現在はわかりませんが、うんと変わっているでしょう。

亡くなっている旧同級生の中で特に私の注意を引いたのは、幼年学校に行っていた人が、すでに二人亡くなっていたことです。

幼年学校というのは、今の方にはわからないと思いますが、陸軍将校になる王道で旧制中学の一～二年生の超エリートに当たる人たちだけが入学できた学校です。旧制中学というのは、私が入った頃でも、日本男児の一割が行くか行かないかのエリート・コースでした。

私は、山形県とはいえ都市部にいました。都市部の小学校でも一割足らず、いわんや農村部になりますと、村から旧制中学に入るのは何年に一人といったところも多かったのです。

しかも、当時は戦争中です。入学試験には、体育実技もありました。たとえぼ、何キロかの重いものを背負って走る、鉄棒にぶら下がって逆上《さかあ》がり、懸垂《けんすい》を何回という運動能力も試験されていたのです。

旧制中学は、学力は小学校で最上位数パーセント以内に入るような人たちが集まっていました。その中でもさらに成績は常に一番、悪くても三番以内で、体力も特にすぐれ、学校は休まない。成績は一番のくせに近眼にもならない、あるいは近眼になるほど勉強しなくても一番になれるというズバ抜けた人だけが、幼年学校に行けたのです。その幼年学校に行っていた人が、すでに二人亡くなっているのです。

私の小学校一年生からの同級生に、市内の大きなお店の坊ちゃんがいました。彼は体が弱く、しょっちゅう「学校へ行きたくない」と泣き叫びながら、番頭さんにおぶわれて学校へやって来るような虚弱児でした。

中学の入試の時も、私の二～三人前にいましたが、体育実技で鉄棒にぶら下がると、彼は懸垂もできず、逆上がりもできず、鉄棒を握ってぶら下がったままワンワン泣き出して、そのままストンと落ちました。そんな状態でしたので、彼はてっきり入試を落ちるだろうと思っていたのですが、合格しました。泣いて悔しがったところを認められたのか、あるいは親が町の有力者だったから入れたのか、そこはわかりません。ともかく彼は合格し、その後、無事、卒業にまで至り、現在こうして同窓会に元気に出席しているのです。

八〇歳を過ぎて振り返ってみますと、若い頃の体の強い弱いは、長生きとはほとんど関係ありません。

私の記憶が正しければ、同級生で一番最初に死んだのは、相撲部の主将だった人です。大学では学生運動のリーダーになり、後に家業を継ぎましたが、ずいぶん早くに亡くなりました。

若い時に弱くて長生きしている人もいれば、丈夫《じょうぶ》に生まれて長生きしている人もいます。

一般論はありませんが、若い時の体の強弱は、その後の人生をはかるものさしにはならないのです。

私は体が弱かったので、弱かった人の長寿法、健康法を特に参考にしました。

当時、私の小学校は旧藩校でした。クラスは四つあり、そのうちの一つは養護クラスでした。

養護クラスには、三種類の子供が集まっています。第一は、いわゆる知能の発達が遅れた子供。第二は、貧しくて弁当を持って来られない子供。この子たちは給食費が要りません。第三は、偏食が激しくて栄養不良だった子供です。この三つのグループが集まって、一クラスの編成がされていました。このクラスの子供だけには学校給食が出され、鱈《たら》の肝油を飲まされるのです。

私は、偏食による栄養不良で、養護クラスに入れられていました。面白いのは、後に医者になった人が二人も養護クラス出身だったことです。

私は、小学校に入った時から養護クラスだったこともあり、自分は体が弱いという思い込みがありました。魚が嫌い、肉は絶対に口にできない偏食児童で自分の体にはまったく自信が持てなかったのです。

目も、小学校一～二年生の頃から悪く、強度の近眼で、当時の子供たちが「四つ目」と言っていた眼鏡をかけていました。

ところが、中学に入るためには、体育の試験も受けなければなりません。欄干《らんかん》にぶら下がって懸垂をしたり、逆立ちして歩く訓練などを自分で自分に課して体を鍛え、受験に備えていました。

中学に入り、なんとか強くなりたいと思い、柔道部に入りました。柔道部の中では強くはなかったのですが、柔道部でない人間よりは強かったと思うのです。

当時は、学徒勤労動員というのもあり、私は、自分では体が弱いと思っていたのですが、一度もサボることなく出ていました。今から思うと、本当は体質的には弱くもなかったのかもしれません。

ただ、戦争が終わると、占領軍の命令で柔道部はすぐ解散になりました。柔道部の解散後はしばらく相撲部にいたのですが、私には負担が重すぎて、間もなくやめました。

大学に入ってからは、恩師から肺病になると大変だという忠告を受けました。当時は、肺病（肺結核）が大変な時代でした。私の恩師のお子さんも肺病でずいぶん苦労されたようです。そのため私はとにかく先生の言うことを聞いて、休みで帰省するたびに病院でレントゲンを撮りました。

たばこは喫《の》まずに、たばこ代があれば、必ず夏みかんを買って、ビタミンCをとるなどの工夫もしました。朝、水を浴びることも日課にしました。もっともこの水浴は大学一年生の時だけでしたが。

そんなことが功を奏したのか、大学では皆出席だったのです。たった一コマだけ、勘違いして欠席したことがありますが、学部四年間と大学院二年間、一度も休みませんでした。私の幼年時代は体が弱くして始まったのに、学生時代はこんなに丈夫だったのです。

超虚弱だった二木謙三先生の見事な大往生

健康法を説いた人は、意外に体が弱いようです。強い人が言えば、なお効き目がありそうなものですが、そうとも限りません。

ベストセラーにもなる健康法の本をたくさん書いている石原結實《ゆうみ》先生を私は非常に尊敬しています。先生のにんじん・ジュース健康法、断食サナトリウムには何度もお世話になりました。

石原先生は、何代か続いた漢方医の家系で、白血球の研究で学位も取り、東洋と西洋の両方の医学の知識を駆使して活躍しています。

私は、石原先生との対談で『東洋の智恵は長寿の智恵』（ＰＨＰ研究所）という本をつくりました。

この時の話では、先生も若い頃は体が弱かったそうです。頻繁に下痢をして、みずからをゲーリー・クーパーと言っておられたぐらいだそうです。

体が弱かった石原先生が強くなったきっかけは、二木謙三先生の『健康への道』という本です。石原先生は、この本で目を開かれた。

私は、石原先生のサナトリウムの談話室に行った時にこの本を見つけ、先生にお願いして、いただいてきました。石原先生の感心したところに傍線が引いてあって、非常に参考になりました。

石原結實先生は、二木先生の本を読むことで目を開かれ、健康を心がけ、さらに西洋医学及び漢方医学に生かすことで、にんじん・ジュース断食法を提案、テレビ番組にもゲストとしてしばしば出演されるなど、最も有名な医者の一人になりました。

二木先生のお孫さんは、二木謙一さんという歴史学者です。彼と対談した時に、「私の祖父は二木謙三です」と言っていましたが、私は、その時はまだ二木謙三先生を知りませんでした。

この二木謙三先生が、またすごい先生なのです。

二木先生は、体が悪く、小学校には六歳では入ることができず九歳で入りました。

八人きょうだいの三番目で、生まれた時は一年ももつまいと言われるほど弱かったそうです。

鼻水は出る、皮膚はじくじくし、出来物ができやすく、リンパ腺も腫れやすい浸透性体質だったと言います。体を掻《か》いていると、うみが出る慢性皮膚病だったそうです。眼精疲労で目やにが出て目が痛くなり、明るいところではほとんど書物を読むことができないので、行灯《あんどん》の光にねずみ色の紙を貼って、やっと三〇分ほど読めるぐらいだったそうです。

小学校に入った後は、腎臓《じんぞう》炎にかかり、尿毒症を起こしかけて危篤《きとく》になったこともあります。二木先生の人生は、こういうところから始まっているのです。

旧制中学の時に発症した神経衰弱が、高等学校でさらにひどくなり、急性健忘症になりました。問題を見ているうちに全部忘れてしまうのです。そのために、旧制高校では落第し、秋田出身の二木先生が、当時の学科の配分で旧制山口高校へ回されたりしました。

お父さんが医者だったこともあり、二木先生もやがて医者を志します。東大医学部を出て、ドイツに留学し、天然免疫性に関する世界的な発見という業績を残しました。日本に帰ってからは、赤痢駒込菌、鼠咬《そこう》症のスピロヘータの発見により学士院恩賜《おんし》賞を受賞、東大教授などを経て、文化勲章、勲一等瑞宝《ずいほう》章という西洋医学では最高の名誉を得られました。ノーベル賞候補にもなっています。

二木先生は、九三歳まで元気で活躍されまして、亡くなる前には、全国の多くのお弟子さんたちを電報で呼び集めました。今のように電話がなかった時代です。全員そろったところで、「それじゃ君たち、最後の息をするから。さようなら」と言って亡くなられたと言います。

小学校にさえも三年も遅れて進むほど体の弱かった人が、最後には日本の医学界で最高の名誉を得て、見事に大往生をされました。

二木先生の超スローペース勉強法に学ぶ

この二木先生は、ある時、人が一年かかるところを自分は三年かけてやろうと決心します。

山口での学生時代は、本を一ページから二ページへと読み進んだら、二ページからまた一ページへ戻るという勉強法をしました。

三ページまで進んだら、また一ページへ戻って、一ページ、二ページ、三ページと読み進む。一〇〇ページの本を読み終わった時には、最初の一ページは一〇〇回、二ページは九九回くり返すという勉強の仕方をされたのです。このため、試験の時はにわかに勉強もしなかったかわりに、落第もしませんでした。

また、丈夫になるために、腹式呼吸、冷水摩擦などの健康法も欠かしませんでした。

二木先生は、旧制高校の時の長距離走でさらに自信を持たれます。徳山から三田尻までのマラソンがあったのです。

当時のことですから、今のようにマラソンに対する知識があまりありません。元気のいい人ははじめのうちどんどん走ってしまい、途中で息が切れて休んだりしたのでしょう。

でも先生は、初めから息が切れないスピードでじっくり走り、水も飲まず、途中で食事もせず、ただただ休まずに呼吸を整えながら走ったのです。

スタート時はビリでも、結局着いてみたら一等で、二等がゴールするまで三〇分引き離していたそうです。

こうした頭脳と肉体の両方での経験から先生は自信を持たれ、なんでも万歩主義に徹しました。

勉強でもわからなかったら、また一ページから読み始めるという超スローペースで勉強をされました。肉体も日々休まず鍛えられ、最後には確たる業績を上げられました。

九〇歳を過ぎても驚くべき仕事をなさった人たち

九〇歳過ぎまで活躍した人は、他にもたくさんいます。私は知識的にも個人的にも関心があって、そういう方々と随分と対談させていただきました。

その中のお一人、メグビーという栄養食品会社の創立者であり、物理学者だった三石巌先生は、たくさんの本を書かれ、九四歳まで生きられました。九四歳でスキーをされ、雪山で風邪を引かれて亡くなったのです。

三石先生は、タンパク質主義とも言える唯物論的な健康法で、非常に元気な方でした。あのスキーをやらなかったら、百歳まで生きておられたかと思います。

不治と言われた視力も御自分の理論で治癒し、六〇歳を過ぎてからなんと三〇〇冊の本をお書きになっておられます。

その中には今の学界の定説を先取りした、すぐれたものが多いのです。三石博士の最後の著書には、私も序文を書いております。

医学博士の塩谷信男先生も、二木先生の影響を受けました。塩谷先生は七五歳でヒマラヤ・トレッキングをされ、百歳の時ゴルフコンペで優勝しました。

塩谷先生も若い頃は体が弱く、二木先生の本を読んで生活に工夫をしてから丈夫になられました。

中国文学者であり漢字研究の第一人者である、白川静先生という、これまた偉大な学者がおられます。この方とも対談で本をつくりました。この時、私は七一歳でしたが、「君はまだ若いんだから」と言われました。

白川先生は、特に体が弱いというわけではありませんでした。ただ、旧制中学には入られず、その卒業資格を検定で取られたというイレギュラーな経歴の持ち主で、非常に自己努力をなさる方でした。

七〇歳から、『字統』『字訓』『字通』の三部作を書いて文化勲章を受章されましたが、当時、毎日三〇〇字詰めの原稿用紙で三〇枚ぐらいの原稿を書いておられました。

白川先生と対談した時に非常に驚いたことがあります。約五時間の対談をしている間にお茶は飲みましたが、まったく休憩なしだったのです。それでも最後まで注意力が落ちませんでした。

対談後、料亭に食事に行く時も老人の歩き方ではないのです。しかも、懐石のフルコースを全部たいらげておられました。

ところが、コースの最後、水菓子の後に小さなようかんが出たのです。白川先生は、それまで全部食べていたのに、わずかなようかんを半分だけ食べて、半分残されました。私は、「先生、どうしたんですか。半分残して」と聞くと、「いやあ、ちょっと糖尿の気《け》があるもんで」と真顔《まがお》で言われました。巧《たく》まざるユーモアでした。

また、お会いしたことはないのですが、三浦雄一郎さんのお父さんの敬三さんは、九九歳でモンブランを滑り降りた方です。

こういう方々を見ますと、弱くて強くなった二木先生、石原先生、塩谷先生と、明らかに昔から丈夫だった三浦先生、途中から糖尿病になられたものの、ご自分の理論で克服された三石先生のような方たちに、それぞれ大きく分けられます。

共通しているのは、皆さん九〇歳以上、あるいは、百歳まで知的活躍をしておられて、「老い＝衰える」という一般論が当てはまらないのです。

長寿者は、神秘的傾向と唯物論的傾向に分かれていく

長寿者は、神がかり的になる傾向の人と唯物論的な傾向の人との二種類に分けられます。呼吸法を取り入れる方は、宇宙ということにまで考えを及ばせ、どちらかと言えば、霊などにも興味を持たれる傾向があります。塩谷先生などは、はっきり霊の体

験者だと言っておられます。

栄養はあまり重視せず、二木先生などは「玄米さえ食べていれば、タンパク質は栄養から抜いてもいい。食事は一日一回でいい」とまで言っておられます。

一方、三石先生は栄養第一主義で、非常に合理的です。「体重の一〇〇〇分の一のタンパク質を毎日とらなければいけない」という説をお持ちです。

たしかに三石先生は九四歳でも堂々とした体をしておられました。体を鍛えることで七〇歳頃から筋肉がつき始め、六〇歳頃にはできなかった筋力トレーニングができるようになったのです。

呼吸法中心で、やや神秘的なところに行く人もいれば、合理的な健康法で、唯物論的に長命な方もおられる。いずれにしても、生まれつきの体質及び工夫、人生観によるのです。

私は、出発点で体が弱く、なんとか強くなろうと自分でずっと工夫してきました。

その点では、二木先生の系統に近いのではないかと思っています。

途中で、三石先生のお考えに心服して、毎日体重の一〇〇〇分の一のタンパク質をとるようにしていました。

私は当時七七キロあったので、七〇〜八〇グラムのタンパク質をとることを数年続けていたのですが、太ってしまい、結局石原先生の断食サナトリウムに行って体重を落としました。

三石先生御自身は特に太らなかったので、もっと合理的な摂取《せっしゅ》をなさっていたのでしょう。今でも私は、三石先生のタンパク質及びビタミンその他に関するお考えは、十分参考にさせていただいています。

知的生活にきわめて重要なフィジカル・ベーシス

私が日頃から知的生活について述べているのは、若い頃、ハマトンの『ザ・インテレクチュアル・ライフ（知的生活）』という十九世紀後半から二十世紀初頭にかけての世界的ベストセラーを読んで、非常に感銘を受けたからです。

ハマトンは、この本を四〇歳頃に書きました。それは六〇〜七〇年間、世界的なベストセラーを続けていました。そのうちロシア革命が起き、その対抗勢力としてヒットラー、ムッソリーニの国家社会主義が出て、イギリスにも労働党が台頭して、世界中が社会主義化しました。右と左の社会主義が出てくると、知的生活などと言っておられなくなったのです。

結局、忘れられてしまったのですが、偶然私が読み返してその価値を再評価したことから日本の古書店からハマトンの本が消えた上に、新しい需要が日本から生じたため、またアメリカやイギリスでも再版されるようになりました。

ハマトンの本で一番感心したのは、パート1が『ザ・フィジカル・ベーシス（〈知的生活の〉肉体的基礎）』から始まっていることでした。

四〇歳のハマトンは、自分より若い人に向けたアドバイスとして、この本を書きました。ハマトン自身も、体が弱いところから人生が始まっており、ともかく体が弱くては知的生活を続けることは難しいということを前提に、具体的なことから書き始めています。私は、このあたりは非常にイギリス的だと思いました。

知的生活をおくるには、若い時から肉体的な基礎を考える必要があると言っています。体の調子が悪ければコンスタントに勉強することなどできません。

青年時代に、たとえば結核でずっと寝ていても、治ってから体を鍛え直して勉強すればいいのです。でも、中年を過ぎてから大病を患うと、立ち直るのはなかなか難しくなります。フィジカル・ベーシスは、若い時でも、年をとってからでも、きわめて重要なことなのです。

ただ、体が丈夫ならいいというわけでもないのです。私は、ものを考える時は必ず反対の側面も考えることにしています。

谷沢永一先生は、体が弱く、関西大学で教えておられた頃も、電車に乗っても立っていられず、先輩教授が席を譲るほどだったそうです。

谷沢先生は、数々の業績を上げてこられ、七〇歳定年の大学を六〇歳で退職された後は著述に専念されました。また、六五歳の頃、『人間通』というベストセラーを出されました。

同じ年に、『三国志』『論争必勝法』『えらい人はみな変わってはる』『官僚、もういいかげんにせんかい』『書物耽溺《たんでき》』など共著も含めて一〇冊を出されています。

翌年は、『勇気凛々こんな人生』など一一冊出されています。『大人の国語』は五八一ページの大著。『文豪たちの大喧嘩』は面白い本でした。『教養が試される341語』は辞書であり、『「宗教とオカルト」の時代を生きる智恵』は私との共著です。『高橋亀吉エコノミストの気概』『日本人が遺してきた知られざる名文・名句』も面白い本です。

他には『達人観』『ローマの賢人セネカの知恵「人生の使い方」の教訓』『日本近代書誌学細見』、私との対談『「菜根譚」の裏を読む』などです。

実は、谷沢先生は若い頃に腰か足を痛められ、散歩もイヤだと言ってあまり歩かれません。

散歩では、幸田露伴と三宅雪嶺《せつれい》がよく比較されます。三宅雪嶺はよく散歩して、老年まで文筆活動をしていました。ところが、幸田露伴は散歩をしませんでした。露伴は「スズメは歩く。ワシは散歩せん」とか言っていました。鳥のワシと自分のワシをかけて、そう言ったそうです。寝込んで起きられないのはダメですが、谷沢先生のように散歩なさらなくても、ますます元気な方もおられました。

人生論は、英雄伝と似ているところがある

老人になっても寝たきりにはならず、元気で知的生活をおくるには、本当のことを言えば四〇歳頃から準備する必要があります。何ごとにも、準備が要るのです。

年をとってからの生き方のアドバイスをする本を書くのは、実業についていない人が多いようです。いつも刺激に富んだ本を出されている哲学者の中島義道さんの言葉によれば、「半分人生をおりたような人」が人生論を書いています。

私も半分人生をおりているような職業です。大学の先生でも大学行政に興味がある人は別ですが、好きな学問をやって、学生相手に喫茶店でしゃべったり、一緒に飲み食いすることを楽しみにしていた私などは、現役の時から半分人生をおりていたようなものです。

半分人生をおりたような人が、フルに人生をおくってきた人たちに対して忠告みたいなことが言えるのは、半分抜け落ちている部分があるからこそではないかと思うの

です。実業に携わっている人たちが言うと、人生についてあれこれ考えた上の教訓というよりも、もっと実践的になってしまう傾向があるのでしょうか。

たとえば、テレビなどを見ていると、年をとった職人はみんな非常にいい顔をしていいます。いい顔をしているということは、イコールすばらしい生き方をしているからだと思うのです。ところが、その人たちは、自分がいい顔になっているから、いい顔になる方法を説くという発想はしません。

ところが、半分人生をおりたような人間は、私のように「ああいう人生は、やはり人相をよくする」という観察をします。したがって、人生を半分おりたような人間の観察が、案外、人生論としては面白いのです。

考えてみれば、お釈迦様も王様になるのがイヤで家を飛び出た人です。半分どころか全部人生をおりていいます。孔子も就職しそこねて歩き回っています。半分人生をおりたようなものです。ソクラテスも同じです。

人生論は、英雄伝と似ているところがあると思います。英雄伝は、必ずしも英雄が書かなくてもいいのです。英雄でない人の書いた英雄伝が、それを読んだ後世の人に刺激と洞察を与え、奮起をうながして英雄をつくるのです。

『三国志』を書いた陳寿という人は、下っ端の単なる物書きでした。しかし、その後のシナの英雄で『三国志』を読まなかった人はいません。

プルターク（プルタルコス）も、世間の地位では決して偉い人ではありません。しかし、プルタークの『英雄伝』を読んだことから、フリードリヒ大王もナポレオンも世に出ています。江戸時代の各藩校の教科書となり、日本人にシナの歴史のエッセンスを教えてくれた『十八史略』の著者の宋の曽《そう》先之《そうせんし》は経歴もよくわからない人でした。

本当は長生きしていない人でも、人生論にもなるような、いいことを言っていることもあります。整体法の野口晴哉《はるちか》さんも人体に関する素晴らしい発見と理論を教えてくれましたが、御自身は六五歳で、つまり今の私よりも若い時に亡くなっています。しかしその教えを実行している人々には長命の人が多いそうです。

ハマトンは六〇歳で亡くなりました。私より若くして死んでいるのに、彼の本をざっと読み直してみると、まったくいいことを言っているのです。

とにかく教訓としては、人生を半分おりた人の観察がわりとよい参考になります。

第四章　知的に暮らすための大事な方法

老年の生活で大事なのは、同じリズムを繰り返すこと

家内と結婚前につき合っていた当時、まだあちこちに名曲喫茶がありました。そこでよく二人でコーヒーを飲みながら、結婚したら、朝はモーツァルト、夜はバッハの音楽を聴くような人生を過ごしたいなどと話していました。

実際には、子供が三人生まれ、その教育や自分の仕事に追われた日々を過ごして、とてもそんな余裕はありませんでした。七〇歳を超えた頃になって、ようやくそうした生活ができる状態になってきました。

毎日を自分が理想とするリズムで好きなことをして過ごすというのは、実は老年だからこそ実現できる幸福だと思います。

一日のリズムはその人の体力とも関係があります。私の場合、まず朝起きて冷水シャワーを浴びます。全身に、特に顔と首と頭にはゆっくり十まで数えます。真冬でもやります。いい気持ちになったところで油断すると、それこそ「年寄りの冷水」にな

りますので、体を拭いたらすぐに毛糸の腹巻きをしてから和服を着、絹のマフラーを首にまきます。それからにんじん・ジュースを飲みます。それが朝食です。

それからすぐ書斎に入り、二〇分から三〇分、英文学の古典的名文を音読します。これは職業上、舌がなまけものにならないようにという訓練で、ボケ予防もかねています。そして午前中から昼過ぎまでは専門の本を読んだり、原稿を書いたりします。

午後は小説を読んだり、昼寝をしたりして過ごします。夕食の時間になると、今はなまじ料理するより安くおいしく食べられる店も多いですから、家内と一緒にしばしば外に食事に出かけます。

晩は、雨が降らなければ、タクシーに乗って一〇〇〇円ぐらいで行けるところに出かけ、喫茶店でコーヒーを飲みながら種類の違う書物を読みます。退職してからは、コーヒーをエサにして外出し、現役の頃は読めなかった英語の詩集をずいぶん読みました。そして四～五〇分かけて歩いて家に帰り、風呂に入って汗を流します。その時は全身を松葉タワシでこすります。

これが私にとって幸せな生活リズムです。老年の生活において同じリズムを繰り返すことは決して悪いことではありません。たまにはアクセントとして温泉に出かけたりするのもいいと思いますが。

白川静先生は、リズムが崩れるのを嫌って温泉などにはお出かけにはなりませんでした。毎日、辞書の執筆に専念しておられました。リズムは人それぞれです。

私は二十何年間くらい、毎年古書の学会に出るため外国に行きました。この頃は体力も食べ物の好みも変化して、本当は外国より日本の温泉に行きたいというのが正直な気持ちです。

外国旅行は若い時からしなければいけないというのが私の持論ですが、若い頃は飛行機に乗るのが苦になりませんでした。また、最初に飛行機に乗った時は、昭和三〇年（一九五五年）ですから、それほどたいしたものが出たとは思えないのですが、機内食が超豪華なごちそうに思えました。

今は日本も生活がよくなって、ふだん食べているもののほうがおいしいので、機内食は食べる気がしません。

子供が育った後は、もう奥さんの手料理にこだわらない

夫婦で外国旅行をするなら六〇歳になる前、現役の頃に、ものすごく忙しい時間を犠牲にして行くべきです。

「定年後に夫婦一緒に旅行しましょう」などと言っていても、うまくいかない場合のほうが多いのです。結局、行かなかったり、一回行って懲りてしまう。六〇歳を過ぎて初めて外国旅行をしても、「こんな脂《あぶら》っこいものばかり食っておれるか」となります。日本から持っていった梅干やせんべいばかりを食べたり、とにかくそれほど楽しくないらしいのです。夫婦で四十代に行っていれば、きっと楽しいでしょう。

奥さんも、現役の亭主と一緒に行っているからうれしいのです。多くの場合、退職後の亭主と初めて外国まで出かけても、なんてつまらないことかとがっかりするのがオチです。足腰が達者で、外国の食事がおいしい時に行かなければダメです。

せめて五十代前半とか、六〇歳が見えてきた時にあえて行くことが重要です。定年

後、夫婦仲よく旅行している人たちは、実は昔からやっていた人たちばかりではないでしょうか。

私は、平均一日二度、朝起きた時と夜の風呂上がりに水をかぶっています。それでも、家内は老臭を嫌います。私は別に腋臭《わきが》ではありませんが、家内の鼻は特に敏感なようです。その老臭と関係はありませんが、できるならば早めに夫婦の寝室を別にしたほうがよいと思います。

私たちが寝室を別にしたのは、仲が悪いわけではありません。温度に対する感じ方が変わってしまって、お互いに我慢できなくなったからです。私が暑くて寝られないような室温が、家内にはちょうどいいようです。

また、私は寝る時は真っ暗にしたほうがいいし、家内はテレビを見ながら寝たり、電気をちょっとつけたほうがいいので、お互いにかえって別室がいいのです。

考えてみたら、若い時はそんなことは全然気にならなかったのです。テレビも若い時はなかったかもしれませんが、六五歳ぐらいから、それが耐えがたくなってきました。それは部屋を別にすればいいだけの話ですから、お互いに我慢しないほうがいいのです。外国映画で老夫婦がダブルベッドにいるシーンを見ると、「よく我慢できるな」とその鈍感さを羨《うらや》ましく思うこともあります。

私の家内は音楽会によく行きます。私は特別にいいもの以外は行きません。家内は音楽のプロだったわけですから、その方面の友達もいますし、嫁も一緒に行ったりします。

それとは別に、映画には私はたいてい家内と一緒に行きます。私の世代が特別なのかもしれませんが、映画館はやはり異質の空間です。そこに二人で行って、暗いところで肩を並べて仲良く楽しく見られます。芸術的な作品でなくても、娯楽映画でいいのです。見終わって二人で「よかったね」と言い合えればいいのです。

食事は、年をとったら奥さんの手料理にあまりこだわらなくてもいいと思います。子供が小さい時には、母親の手料理を食べさせることが特に重要なのですが、子供が巣立った後は、亭主は必ずしも毎晩、奥さんの手料理を食べなくてもいいと思います。

むしろ今は外食でも、おいしくて、バラエティーのある食事があります。なまじ材料を買ってきてつくるほうがカネと時間がかかったりします。だから、亭主は奥さんの手料理にこだわらずに、雨が降って出かけたくない時につくってもらうぐらいでちょうどいいのです。

たまにスーパーやデパートの地下などに行くと、すばらしいごちそうがいっぱいあって、奥さん方には「無理につくるなよ」と言いたいぐらいです。それに安いのですね。最近も有名店のシューマイが、十二箇九八円で売っていました。特売だったのでしょうか、一箇一〇円もしません。一事が万事で、いい食物が安く買える時代です。

そのあたりは奥さんの負担をできるだけ少なくして、人生を楽しむことに時間を費やすようにギアを切りかえたらいいと思います。亭主がこだわらなければ、奥さんはバンザイのはずですから。

家庭の料理を神聖視する向きもありますが、私は、それは子供のためだったと思います。母親と子供の関係は特別です。二木謙三先生も書いておられますが、子供にはおっぱいをいくら飲ませても悪いことはありません。ところが、同じおっぱいでも、一回茶わんに搾ってかき回して飲ませると、おなかをこわすことがあるそうです。それぐらい母親と子供は密接なつながりがあるのです。母親の一部だったわけですから、子供がある程度育つまでは、家庭は食事を中心とした共同体として機能したほうがいいでしょう。

子供が巣立ったら、夫婦はむしろ自由に、今日はイタリア料理、明日は中華料理、その次はガラッと気分を変えてファミリーレストランとか、ハンバーガーショップでもいいと思います。

酒は、神が与えたもうた最高の贈り物

わが家は、二代続いて大酒飲みが出たせいで没落した家系です。

その遺伝子のなせるわざか、私は酒が大好きです。ただ晩酌をすると、いい気分になってしまって、その後は仕事にならない。ですから、夜、仕事がある時は晩酌を一切しないというプリンシプルがいつの間にかできました。飲んだ後に仕事をしなくてもよい時は楽しく飲みます。特に気の合った人たちと酒を飲むのは人生の至楽です。

私の場合、夜に仕事があるかどうかが酒を飲むか飲まないかの基準です。西洋料理

でワインを一緒に飲んだ場合は、仕事は諦めて気持ちよく寝ることにしています。

日本でもワインが大分普及してきました。これは私が拙著『知的生活の方法』の中でワインの効用を書いたのが一つのきっかけではないかとひそかに自負しているのですが、ワイン会社からは一向《いっこう》に挨拶がありませんから、どうも私だけがそう思っていたようです。

カトリック教会はアルコールを禁じたことはありません。昔から神事に酒を使ってきました。ミサの時には赤ワインを使います。酒自体を悪とする発想はありません。ところが産業革命以来、貧民窟でジンが非常に流行《はや》りました。ジンの本場はプロテスタントのオランダです。もともと北欧には強い酒が多く、その弊害が非常に大きかった。アメリカもそうでした。そのため、ガチガチのプロテスタントが禁酒運動を展開したわけです。今もそれを守っている教会があります。

しかし、酒自体が悪いわけではない。飲み方が悪いのだから、何も酒を禁じることはないと私は思います。摂取の仕方を誤れば、人体に必須の塩でも害になります。

酒は、飲む量、飲む場、飲む人の体質・飲酒態度次第で、マイナスにもなればプラスにもなる。横山大観のように、めしもろくに食わずに酒を飲んで傑作を描いた人もいます。一概に「酒は悪い」とは言えないと思います。

　私は酒が好きですし、体質的にも合います。

　飲む時は、酒は神が与えたもうた最高の贈り物であると思って、ありがたく、楽しく飲みます。イヤなこと、つらいこと、悲しいことがあって、その憂《う》さ晴《ば》らしのために飲むのは、自分にとっても周りの人にとってもあまり感心しない飲酒態度だと思います。

老いた後の肉体は、時間を十分とってゆっくり鍛える

　三〇年ぐらい前にサムエル・ウルマンの「青春」という詩を紹介した本（『「青春」という名の詩』産業能率大学出版部）が日本で大変評判になり、ベストセラーになりました。関西の経済人の宇野収さんと作山宗久《さくやまむねひさ》さんの共著で、当時、日本の経済人がこぞって読みました。ある時催されたパーティで主賓としてあいさつした経済人が暗

記したその詩を朗々と朗読したりしたことがあったそうです。

その詩は、肉体年齢と精神年齢は違う。肉体は老いても精神は若いままでいられるという内容ですが、私は老いてからも肉体は鍛えられると思っています。

ある人が三浦雄一郎さんの父上の敬三さんに会って、「私はこういう鍛え方をしています」と言ったら、「それじゃ時間が足りない。一日四～五時間は鍛えなければダメだ」と言われたそうです。

むしろ定年退職した後のほうが、仕事に追いまくられていた若い時と違って時間がたっぷりありますから、時間を十分とってゆっくり鍛えることができるのです。

私は、ウィークデイの場合、健康維持のためだけにざっと四時間は使っています。

内容は、朝、水をかぶり、顔や体を摩擦したりするのに三〇分。それから、昼頃に真向法とねじり体操、逆立ちで六〇分。散歩と風呂で九〇分。昼寝が六〇分。以上で合計四時間ぐらいです。

定年退職後、肉体的にも精神的にも健康でいるためには、これぐらいの時間を使って体を鍛えたほうがいいと思います。私はもっと時間を使いたいぐらいです。これは現役の時にはとてもできないことです。ただ、若い時と同じような回復力があると思ってはいけません。自分に合ったやり方でゆっくり鍛えることです。

そして、睡眠時間を惜しんではいけません。夜、眠れない老人にならないように留意することです。年をとると、睡眠はより重要です。「眠れなくても八時間は横になっている必要がある」というのが、私の尊敬する西原克成先生の御意見です。西原克成先生は実験進化学、人工歯根、人工骨髄開発の第一人者ですが、「骨休め」が本当に重要だというのは、骨を休めることが免疫力を高めるからだそうです。

皮膚に冷たい刺激を与える冷水摩擦のススメ

私のフィジカル・ベーシスは、大学に入った時に恩師から、朝目がさめた時、ハッと意思を奮い起こすことが重要だというので、水をかぶることを勧められたことから始まっています。

私は、大学の寮に入っていました。寮の起床時間は七時でしたが、毎朝五時一五分前に起きて、洗面所が別の建物にあるので雨が降ると大変なのですが、休まずに行って、そこでバケツで水をかぶっていました。それを一年やって、特待生つまり授業料免除にもなりました。

乾布摩擦はだいぶ前からやっていました。冬に家で仕事をする時、寒くないように部屋を暖めると、今度は暑すぎて能率が上がらない。グダッとしてしまいます。それで乾布摩擦を始めたら、それだけで寒さにずいぶん強くなりました。子供たちにも「乾布摩擦はいいぞ」とやらせたら、寒さに対して非常に強くなりました。

これは、何年か前に乾布摩擦がいかにいいかをテレビの番組で知ったからです。東京都の幾つかの幼稚園で実験すると、乾布摩擦をやらせている幼稚園では、やらせていない幼稚園よりも、冬に子供たちが着ているシャツの枚数が二枚ぐらい少ないのです。いろんな実験をすると、乾布摩擦をするだけで寒さに対する抵抗力がつくことがわかりました。

そういうわけで乾布摩擦をずっとやっていたのですが、七〇歳になった時に初心に返ろうということで、また冷水摩擦にしました。

冷水摩擦は二木謙三先生もよく勧めておられます。皮膚に冷たい刺激を与えることは、体全体にいいというのです。皮膚は体の外側にありますが、食道や肺はみな肉体の中にある皮膚、つまり内粘膜です。外の皮膚をきれいにすると、自動的に内粘膜までよくなるという説です。

だから、私は七〇歳から一年間ぐらい冷水摩擦をやっていたのですが、一四年前に百歳の塩谷信男先生にお会いしました。塩谷先生は、「朝、冷水の風呂に入る、でも、心臓が悪い人もいるから、これは人には勧めない」とおっしゃっていました。

百歳の人が冷水に入るのなら、私はまた大学に入った年齢に返って水をかぶろうと決意して、一四年前からやり始めました。

おかげで本当に寒がらなくなりました。風邪は全然引きませんでした。体に早く温まる力が出てきたような気がします。しかし、八〇歳を超えた頃から、乾布摩擦に戻りました。

小山内博さんの書いた『生活習慣病に克つ新常識―まずは朝食を抜く！』（新潮選書）によると、子供の時に冷水摩擦をすると、副腎《ふくじん》が強くなるそうです。副腎皮質ホルモンがよく出るようになる。副腎皮質ホルモンはステロイドで、皮膚病とかアトピーに対しては神様の薬のように効くそうですが、外から与えると副作用が出てきて困る。しかし自分の体から出る分には副作用の心配もなく非常にいいそうです。

私の知り合いの、男の子一人、娘三人いる家では、幼児の頃から水泳をやらせて、女の子でも、夏ならば数キロ泳がせたり、正月も寒中水泳をさせていました。その子供たちは、女の子でも一人は音楽家、一人は銀行に入りました。もう一人は医者になって、慶応大学病院にいます。みな出来がいいようです。

そのうちの一人がたまたま最近わが家に来ましたが、やはり皮膚がきれいです。もちろん子供の時からアトピーなどは全然ありません。

年をとってからは副腎が発達するわけはありませんが、冷水を浴びることで副腎の機能は刺激されるらしいのです。

「子供は風の子」とか、「子供は石のように冷たくしたほうがいい」と昔から言われたのですが、副腎を鍛えるためだったのかなと今になって納得したわけです。

そういえば、昔の子供にはアトピーはありませんでした。子供はみんな寒いところでブルブル震えていましたから、それも一つの原因ではないかと思います。

私は、まさに古希にして初心に戻り、水かぶりを始めました。朝起きて、声を出して英語を読むというのも、子供の時は朝から日本語を音読していましたから、初心に戻ると言えます。漢文もそうです。

ジョギングとウォーキングを選択する基準

昔、ジョギングをやったこともあります。五五年ほど前、一九六〇年代のことです。ジョギングという言葉がちょうど出始めた頃です。この言葉は日本にはまだ入っていなかったと思うのですが、私はアメリカの大学に客員教授で行っていて知りました。ジョギングの「JOG」という言葉は、元来は「揺する」という意味です。「食後に腹を揺すってくる」というので、冗談みたいなことからできた言葉らしいのです。そのうちに、マラソンのように長時間走ることを「ジョギング」と言うようになった。ちょうど、その言葉ができた頃にアメリカにいて、早速ジョギングをやったのですが、これは私の体に合わないと思いました。それは体が苦しいとかなんかでなくて、走り終わった後、勉強をする気がなくなるのです。これはダメだ、歩いたほうがいいというので、私は歩行主義者になりました。

帰国してから書いた本に、『クオリティ・ライフの発想』（講談社文庫）があります。その中でも、私は、明らかにジョギングより歩くほうが個人的に向いていると書きました。

その後、ジョギングの創始者であるアメリカ人がジョギング中に亡くなる事故があったりして、ウォーキングは安全だが、ジョギングは医学的に危険だという説も出ました。

途中で苦しくなるという問題以外に、終わってから仕事をやる気になるかならないか。これは私にとって非常に重要なのです。ウォーキングならむしろさわやかになりますが、ジョギングはちょっとという感じでした。こういうことは個人差が大きいようですね。カーター元大統領は訪日中でも皇居のまわりをジョギングしたそうです。

老化のプロセスを逆流させる真向法

私は今から二五年ぐらい前、余暇開発センター（現在は消滅）と少し関係があって、そこで佐橋滋・元通産次官と知り合いになりました。

三木武夫さんが通産大臣の時に、三木さんのほうが霞《かす》んで次官だけが輝いているので、「佐橋大臣・三木次官」という言い方が出たぐらいの方です。その人が天下りもせず、余暇開発という課題に取り組んでおられました。

そこで週に一～二度行われる真向法に、私も参加していました。

そうしたら、体が硬くて、真向法の「マ」の字もいかないわけです。私はこんなに体が硬かったのかと思って、愕然としました。エディンバラに行く前でしたから、四七～四八歳の頃です。

とにかく、やり始めた時は体が硬くてなんともならなかった。エディンバラに行った時も暇でしたが、やったり、やらなかったり、日本に帰ってからもやったり、やらなかったりでした。

　少し気合を入れてやり始めたのは、当時、東大の土木工学の樋口芳朗教授が、偶然に「真向法は杭《くい》を打つ要領だよ」と教えてくれたことからです。杭打ちのように小刻みにパッパッとやると、だんだん深くいく。

　真向法は、足を開いてへそから床につける。そうやって少しずつ細かく動かしながら深くしていくといいんですよと教えてもらって、できるようになったのです。それはやはり六〇歳過ぎてからです。今でも私は、股を開いて、へそから顎まで床につけられます。

　先日、川崎市で中高年の人たちを相手に話をしてくれと言われましたので、記憶力が鍛えられた例として黒板に菅原道真の七言絶句を書いてみせました。そんなものが書ける人は、そんじょそこらにいないと思うぐらい小難しい漢詩です。そして、真向法もやってみせました。記憶力も還暦後に強くなり、肉体も還暦後に柔軟になったことを、主催者にすすめられるまま、披露させてもらいました。地域のテレビでも放送されて、思いがけない人たちから「見たよ」という知らせがありました。

真向法ができるようになって、今は本当に体が楽です。真向法は簡単で、四つの形式しかありませんが、私はそれにひねりを加えました。真向法は、ただ真っすぐな動作を四つやるだけですが、私はひねったほうがいいと思ったのです。

私は、そもそもぎっくり腰になったことはないのですが、真向法によってぎっくり腰になる恐怖心からも解放されています。これは、私は佐橋さんに感謝しています。

少し太りぎみの人は、ぎっくり腰になることが多いのですが、ぎっくり腰になった人の姿を見てごらんなさい。ものすごく耄碌《もうろく》した人の姿になります。

七五歳くらいまで、逆立ちも一～二分できました。若い頃できなかったことが、六〇歳過ぎてから、みんなできるのです。私の息子たちも真向法をやっていますが、まだ誰もちゃんとできません。私だけができて、「どうだ。おれはおまえたちの葬式を出したくないんだけどな」などと憎まれ口を叩いています。しかし、私も還暦前にはできなかったのですから息子たちを笑うわけにはいきません。

体がやわらかいというのは、若さです。死後硬直といいますが、死ねば体は硬くなります。赤ちゃんはフニャフニャです。人間の老化は、体がだんだん硬くなるプロセスと考えてもいいわけです。

真向法をやることは、逆順です。「おしん」の里、山形県中山町の町長さんも、七〇歳から始めて、今は実に見事に真向法をマスターしています。

真向法ができるうちは、死なないと言われています。真向法の創始者はお坊さんで、若い頃、酒の飲み過ぎか何かで半身不随になって、非常に残念だったそうです。

それがお経を読んでいる時、お釈迦様の礼拝の仕方を再現したりしているうちに、真向法の原型に行き当たりました。その後に多少改良を加えて真向法を編み出し、それを実行したら、その方は半身不随がすっかり回復したそうです。

そして、かなり高齢まで存命されて、交通事故で亡くなられたと聞いております。

五〇歳を超えたら、意思を持って散歩しなければいけない

私は、若い頃は、自分の家でコーヒーをいれて飲んでいました。そして気分のいい時には散歩に行きました。

そういう時、よく家内に「子供を連れていって」と言われて、連れていったこともありますが、本当はイヤだったのです。それは、散歩をしながら考えごとをしたり、ポーッとするために歩いていたからです。

私はだいたい真夜中に近い頃に歩くのですが、二〇分も三〇分もひたすら歩いているうちに体がポカポカしてきます。そうすると、何も考えなくなるのです。

歩き始めは何か考えて、妄想もアイデアも出たりするのですが、それもみんな消えてしまって、ただひたすら歩いて、「前に木があるな」というようなことしか考えません。

これを私は「歩行禅」と名づけています。そんな言葉があるかどうか知りませんが、「立禅」という言葉はあるそうですから、「歩行禅」があってもいいと思うのです。

ロボットの権威の森政弘東京工大名誉教授を私たちの研究会でお招きした時に、感心したのは、森先生が実にいい顔をしておられたことです。どうしてそういういい顔になったのか。

私は疑問が起こると、そういう失礼なことも聞くのですが、森先生は若い頃、ずいぶん座禅をなさったそうです。座禅をすると、ものすごく妄想が出る。妄想が本当に出て、出て、出まくる状態を超すと、無念無想に近くなるらしいのです。

散歩してもそうなります。そんなに長い時間ではありません。歩いてもせいぜい一時間ぐらいのものですから、そのうち一〇分でも二〇分でも、ほとんど無念無想でただひたすら歩く。妄想も考えごともみんなポンとなくなる状態が欲しくて、若いうちから歩いていたのです。子供を連れていくと、危なくないように世話をしなければならない。それではダメなのです。今は家内がついてきたりしますが、夜中はよく私一人でも歩きます。

ハマトンの本にも、「五〇歳を超えたら、意思を持って散歩でもしなければいけない」という彼自身の体験が書いてあります。なるほどそのとおりだと思って、その時にふと思い出したのが、作家の谷崎潤一郎の散歩です。

誰が書いたか覚えていませんが、ある時間になると、ハイヤーが迎えに来て、谷崎潤一郎と松子夫人が乗っていく。ついていってみた人がいるのですが、最寄りの公園に行って、二人で散歩して、またハイヤーに乗って戻ってきたそうです。谷崎潤一郎ほどの大作家だから、出版社がハイヤーを出してくれたのかもしれません。

私は、まさかハイヤーを散歩に使うわけにはいきませんが、タクシーぐらいならできるぞと思いました。タクシーで家からだいたい一〇〇〇円くらいのところにある喫茶店に行くのです。軽く読めるような本を持っていって、そこで長い時は一時間以上読んで、帰りは歩きました。そうすると、四〇～五〇分かかります。夜の一〇時頃に行って、喫茶店が閉まる一一時までいました。帰りは夜道をひたすら歩くと「歩行禅」が成り立つのです。

夏は汗をかきますし、冬もヤッケを着ますから汗ばみます。家へ帰って風呂に入って、タワシで体をこすり、あがる時に水を浴びました。

これは谷崎からヒントを得たのですが、年をとるとどうしても散歩もサボりがちになりますから、コーヒーという自分の非常に好きな飲み物をエサにして行くわけです。コーヒーは一杯三五〇円ぐらいです。二杯飲んでも七〇〇円、タクシー代が一〇〇〇円くらいですから、約一七〇〇円。そのぐらいの贅沢なら、週三～四回やっても、許されるだろうと思っています。だからなのか、その頃私は病気には全然かかりませんでした。
何か体にいいことを習慣づける時、このように自分にエサを与えることで体を動かすというのも、一つの手ではないかと思います。

眠れぬ時、意識して寝つきをよくする方法

私は、若い時は眠れなくて、いつも弱っていました。学生寮にいて、一一時に消灯だったので、眠れなくても起き出して勉強するわけにいきません。だから、睡眠では苦労しました。

意識的に眠れるようになったのは、オックスフォードに行っていた時に、寝つきがよくなる方法が書いてある本を読んでからです。非常に簡単で、まず横になって、右の足の指先から意識的に筋肉をほぐすのです。

次は左足の指先から腿《もも》まで筋肉をほぐす。手も指の先から緩ませていって、頭も目から順番にやっていきます。そうすると、意識的に体が全部動かなくなって眠れるの

です。

今はそんなことをしなくても眠れます。眠りのために一番いいのは、疲れることです。夜、散歩をすればすぐ眠れます。疲れないで寝ようというのは無理です。若い時に眠れないのは、神経が興奮しすぎていたからでしょう。あるいは、将来に対する不安もある。意識的に緊張をほぐすという方法は、若い頃の私には非常に有効でした。

老年になっても朝めしは食べるべきか？

前に紹介した『生活習慣病に克つ新常識―まずは朝食を抜く！』を書いた小山内博さんは、大変高齢のお医者さんでした。体験上から書いているせいか、私の日常の観察とことごとく合っているので、うれしくなりました。

一つは、朝食など食べないでもよろしいということです。

朝食をしっかり食えという説もあります。前述の健康書の中でも、三石巌先生は朝食重視主義者です。二木謙三先生系統は、朝食抜きで、むしろ二食、晩年は一食でいいと言っておられます。

私は、朝食を抜いてから調子がいいのです。完全に抜くわけではなくて、にんじん・ジュース一杯は飲みますが、これは石原結實先生の説を取り入れています。『知的生活』のハマトンも同じことを言っています。イングリッシュ・ブレックファーストは非常に重いのです。ハムも出れば、ソーセージもつく。ハマトンの物書きの友人が、朝はどうも仕事ができないといつも愚痴《ぐち》を言っていました。

ハマトンはフランスに住んでいましたから、「フレンチ式に朝食は抜きにして、昼食と一緒に軽くしたらどうですか」と勧めたら、その後、友人に非常に調子がよくなったと感謝されたということを書いています。

人にもよるでしょう。三石先生は朝食をしっかり食べて九十何歳まで知的生活を立派になさっていますので、そういう方もいるでしょう。しかし、私の考えるところでは、朝食重視主義は肉体労働、特に農村から来たのではないかと思います。

われわれは、戦時中、学徒勤労動員であらゆる肉体労働をやりました。農作業の苗取り、草取り、稲刈り、夏草刈り、土木工事、堤防工事、飛行場の工事、松の根っこを掘って油をとるとか、学校工場とか、ありとあらゆることを少しずつみなやらされたわけです。

今でも記憶に残っているのは、夏草刈りの勤労動員でした。農村に泊まり込んでやるわけですが、朝三時半とか四時に起きて、近くの山に行って、馬や牛に食わせる草を刈ってくるのです。

草刈り山は日中はものすごく暑くなるので、太陽が上がる頃には山をおりていなければならない。だから、三時半とか、べらぼうに早い時間に起きるのです。しかし、出かける時は朝食は食べません。一仕事して、つまり二時間ぐらい草を刈っておりてきて六時か七時に朝食です。だから、朝食といっても起きぬけに食べているわけではないのです。

普通の農村でも、朝起きるとすぐに農作業をやって、一仕事してから朝食をとっていました。ですから、都市に住んでいて肉体労働もしない人が朝食を重視したら、ちょっとまずいという気がします。

子供や若い人は、常に腹が減っているようなものですからいいのですが、それでも昔の子供は、朝食の一～二時間前には起きていたのです。私は、よく釜の火焚《た》きの手伝いをしていました。母親が起きて、釜とか鍋とか、いろいろ食事の支度をしている。

昔はガスなんかありませんから、煮炊《にた》きをするには絶えず割り木や柴《しば》を継がなければいけません。私は、そんな仕事をしながら本を読んでいましたから、朝めしを食う少なくとも一時間前には起きていたのです。

だから、朝食というのは「朝めし前」に仕事をした人の言うことであって、起きぬけの人には朝食はヘビーだと思います。

朝食は、英語で「ブレックファースト」と言いますが、「ファースト」は「断食」という意味です。だから、晩めしから朝まで食べないのが一種のファーストで、それをブレイクするのが朝食というわけです。

これは石原結實先生の説で、私も本当に感心したのですが、人間がものを食べる時は、異質のものが人体に入ります。これを全部消化して、自分の肉体の一部にするわけですから、人間の体はものすごく活動しなければなりません。ところが、寝ている時は何も食べていませんので、食べていない時は、人間の体は余計なものを出すように一生懸命努力するようになります。ですから朝起きた時は、息が臭くなる。目やにが出る。小便が出る。大便が出る。これは非常に自然なことです。

石原結實先生のにんじん・ジュース断食サナトリウムは伊東にあります。温泉もついているし、サウナもあります。先生は入浴やサウナをしきりに勧められます。断食をやっていると、体がものすごく臭くなるからです。

私は、散歩してから風呂に入って、全身をタワシで洗わないと気がすみません。毎日毎日洗って流していても、流し口に垢《あか》がすごくたまります。さらに水をかぶって、非常に清潔な体になって寝るわけです。

五～六時間寝て、朝起きると、冬でも水のシャワーを浴びます。わが家の水道は特別契約で水道管が太く、シャワーの勢いが非常に強いのです。足からゆっくりと十ぐらい数えて水をかけていって、頭までいきます。そして拭きます。

だから、ものすごく清潔だと思うでしょう。ところが家内に言わせると、その時に拭いたタオルは風呂場に行くのがイヤになるくらい臭いそうです。寝ている時にそれだけ余計なものが体から出るのです。

寝る前にタワシでこすっていますから、新陳代謝がいいのでしょう。「朝に臭いことはいいことだ」という医者の説もあります。

朝食は食べなくてもいいというのは二木先生の主張ですが、石原先生はそれをさらに精密にされて、朝はにんじん・ジュースぐらいでよろしい。昼は軽いものを、たとえば「そば」を食べなさい。夜はなんでもいいと言われます。

夜九時に夕食が終わったとすると、朝七時のにんじん・ジュースまで一〇時間断食していることになります。昼食を一二時にとると、一五～六時間ぐらいにんじん・ジュース断食をしたのと同じであるという説です。私は、非常に理にかなっているように思います。

ボケたくなければ、朝、声を出して本を読む

私が子供の時は、もともと藩校だったせいもありますが、小学校の先生たちは旧士族の人たちが多かった。その人たちが子供だった幕末から明治にかけて、よく「朝読み」をしたらしいのです。起きるとすぐに朝食前一時間とか、「子曰《いわ》く……」と声を出して読まされたといいます。いわゆる素読《そどく》ですね。

われわれも小学生の時には、朝起きたら、声を出して教科書を読みなさいと言われました。別に監督されているわけではないですが、学校では、朝読みしてから登校することをよく勧めていました。

これは、今考えても理にかなっていると思います。東北大学の川島隆太先生が本に書かれていたのを読みましたが、朝、声を出して本を読むと、ボケ防止になると言われています。脳の活性化の度合いが時間によって違うらしいのですが、朝が一番いいそうです。

私も、朝起きて声を出して本を読んだら、一日が調子がよく始まるのではないかと感じて、朝起きると三〇分ぐらい、声を出して英語の本を読んでいます。

読んだことのない本ではないのですが、好きなハマトンの本を何冊か読み終わって、今はマコーレイの『英国史』を読んでいます。

マコーレイはものすごく難しい単語をいっぱい使いますが、実に名文で、読んでいても楽しいし、頭の滑りもよくなるような気がします。マコーレイの場合は複雑な名文で、構成も緻密ですから、よほど集中しないと長い文章をどこで切ればいいかわからなくなって、読み返したりしています。

この先どのくらいの時間がかかるかわかりませんが、毎日読んでいますから、来年中には五巻全部、声を出して読んだことになるのではないかと思います。

朝起きて大きな声を出すのがいいということは、作家の寺内大吉さんに聞きました。寺内さんは、浄土宗のナンバーワンかツーの方です。「なまぐさ坊主は早く死ぬ、いい坊さんはそう早く死ぬわけはない」という説でした。

なぜなら、真面目な坊さんは早く起きて、大きい声でお経を上げる。お経というのは、黙読ではあまり意味がないそうです。声を出して唱える。大きな寺になると、何カ所も読んで回るので、一時間ぐらいかかるそうです。それをちゃんとやっていれば、ボケないし、健康的だから早く死ぬわけがないというのです。

われわれの小さい研究会に寺内さんをお招きしてその話を聞いたのは十数年前ですが、その時のナンバーワンの坊さんは、百歳近かったそうですが、全然ボケていなくて元気だと言っておられました。

そのお坊さんも、そんなに偉いのに、朝一時間以上は、幾つかの仏さまの前で大きな声でお経を読むことをやっておられるとおっしゃっていました。

私も子供の頃からそんなことをやらされていたのですが、川島先生の「朝、声を出して本を読むと、ボケが進まない」という趣旨の本を読んで、ようやく近代科学もお寺の常識に追いついたなと思いました。

声を出して読むことは、黙読のようにインチキが効きません。特に私のように英語だと、十分な注意を払っていないと意味がわからなくなりますから、脳を活性化するには非常に効果があります。

小学校、中学校、高校で、「朝の一〇分間読書運動」が広がりつつあると聞きました。本当は親が早起きして、私たちの子供の頃のように朝食前に三〇分ぐらい国語の教科書を大声で読ませれば、ずいぶんいい子ができると思いますが、この頃は親が起きません。

昔の人は、労働がきつかったのにみんな早起きでした。朝起きないのは花柳界の女たちだけだというような感じで、朝早く起きないことにものすごく罪悪感があったのですが……。

第五章　知的老後生活とお金の関係

西郷曰く「児孫の為に美田を買わず」は、現代では有害である

私は、西郷隆盛の「児孫の為に美田を買わず」という言葉を、六〇年間ずっと疑問に思っていました。私の故郷である山形の庄内藩は西郷隆盛と関係が深く、岩波文庫になっている『西郷南洲遺訓』は薩摩の人でなく、庄内藩の人がつくったものです。

小学校六年生の時には、礼法室という畳の部屋に座らせられ、素読の時間がありました。その時に読むものの中に、『西郷南洲遺訓』がありました。今でも覚えています。

「幾たびか辛酸を経て　志始めて堅し　丈夫は玉砕するも　甎全《せんぜん》を恥ず　一家の遺事　人知るや否や　児孫の為に美田を買わず」とあります。

内容はよくわかります。

「何度も苦労を重ねているうちに、志がだんだん固まっていく。偉い人は、瓦のようにいつまでも残るよりは、玉となって砕けるんだ」

玉砕ということは、戦争中もよく言われました。

「ところで、自分が家に残した教訓を人は知っているだろうか。私は、子孫のために財産（美田）を残さないいんだ」ということです。

そして、もしこれに自分が反することがあったら、「西郷はうそつきだ」と言ってもいいと庄内藩士に言っているのです。

これは維新の人、革命家としてはいいと思うのです。ところが、私はある時、児孫のために美田を買う人がいなかったら、日本の近代化はできなかったのではないかと思ったのです。それをずっと思い続けて、結局、十数年前にそのことを書いたのですが、やはり児孫のために美田を残すような世界でなければいけないのです。

児孫のために美田を残さないことを一番強力に主張をしたのは、世界史上ではマルクスです。マルクスの『共産党宣言』は、相続をなくせというのが主要な主張の一つです。西郷隆盛のような人なら美田を残さなくても偉いのですが、美田を残さないと卑屈になる人が一般には多いのです。

無法な上司と意見が違っても辞表を叩きつけることのできない会社員、落選すると生活ができなくなるので、信念をまげても選挙民に迎合する政治家、国家や国民のためよりも「天下り先」のことを考える役人――これらはすべて頼るべき安定した私有財産がなく、月給だけが頼りであるところからくるのです。

私有財産が否定された共産主義国で独裁が可能であったのは、政府のくれる職についていないと餓死か獄死するより仕方がなく、人民がみな卑屈になったからです。民主主義が最初にイギリスで成功したのは紳士階級の私有財産が安定していたからです。そこから政治的自由も生まれ、普及していったのです。アメリカの独立も私有財産権と宗教的自由を守ることが出発点になっています。

卑屈にならないために、私有資産は必要である

今、戦前に比べて、日本の政治家も官僚もみな卑屈です。なぜなら、他から批判されて「そんなことを言われたら、やっちゃいられないよ」と開き直った途端に、官僚は職を失い、浪人になって食うに困ることになるのです。

昔は、子供が高級官僚になるぐらいの教育を受けさせられた家は、だいたい資産がありましたから、食うに困ることなどありません。また、「やっちゃいられないよ」と言って辞めても、数年すると次の内閣がひっぱり出してくれるので、男らしく振舞えました。

今は報酬を取り上げられたら終わりです。だから、みんな小者です。国家の大政策をやる人、たとえば、道路局長は年間数兆円の予算を使いますが、給料から見たら、賄賂でも取らない限り、中の上のサラリーマンです。そこに大きなギャップがあるような気がします。

たとえば、韓国の財閥をつくった人に比べると、日本の経済人や政治家が、みんな小者に見えてしまいます。あるいは、共産主義の国であるのに中国共産党のトップはみんなものすごい個人資産を持っています。

それに比べたら、日本の経済人たちは、私有財産の点ではみんな貧乏人です。日本の政治家や経済人はプロレタリアで、中国や韓国のトップは大ブルジョアといった感じです。これが、日本人の器量を小さくしているのではないかと思っています。

戦前の日本には、「児孫の為に美田を買わず」という武士的な人がいて、国家を考える人もいました。同時に、三井、三菱などの財閥、あるいは財閥はつくらなかったけれども渋沢栄一のような実業家は「児孫の為に美田を買い」ながら、堂々と世界の財界人と渡り合えるだけの器量があったのです。

戦後は経営者たちも高給サラリーマン化したのです。ある大会社の社長の話ですが、アメリカにもそれに相当する会社があり、出張でアメリカに行くと、向こうの社長の自宅に招《よ》ばれるわけです。

そのアメリカ人の社長が日本に来たので、ホテルだけではなんだからと自宅へ案内したら、アメリカ人の社長が「いつになったら君の家に行くんだ」と言ったというのです。「ここだ」と言ったら、「これは運転手の家かと思った」と言われたそうです。

それだけ日本人は清廉《せいれん》だと言って自慢してもいいのでしょうが、私はそう思いません。実業家が私有財産としてのカネがなくて、本当は辞めたいけれども、辞めたら自腹で高級料亭へ行けなくなるなどという悲しい晩年ではいけない。それが長い間に日本の社会全体にボディブローのように効いてくるのです。

かつて、日本長期信用銀行に二〇年近く君臨した人が、その銀行から退職金をなんと一二億円ほどもらったとかいうので、世間やマスコミから叩かれました。その長期信用銀行をつぶした時のアメリカの財務長官ルービンは、財務長官をやめて、またウォール・ストリートに戻りましたが、この人のひと月の収入が二〇億円でした。日本の債券発行銀行の頭取が、二〇年近く実権を握って一二億円です。

カネというのは、持つにつれて利口になるという傾向があります。だから結局、失われた二十数年の出来事を見ても、日本はみんなアメリカの金持ちにはぎ取られた感じです。

これが岩崎弥太郎が生きていたり、三菱総本家が存在していて、そこの大番頭が生きていたら、アメリカの銀行になめられるような、惨憺《さんたん》たることは起きていなかったと思います。

昔のサラリーマンでも、実業家と言われる人は器量が大きかったのです。その一例として、三井銀行の支店長の半期のボーナスの基準は、芸者を引かせて一軒の家に住まわせて、女中を一人つけることができるぐらいだったと言いますが、それが当時の基準だったというのです。もちろん今の日本ではそんなことは通りませんが、あくまで基準としての話です。

私が若い頃、『タイム』で読んで、あとになって切り抜いておけばよかったと後悔したくらい気に入った記事がありました。

アメリカのある牧師さんが説教の時に、

「ここに集まっている方は、いい方々ばかりです。あなた方はカネを儲《もう》けなさい。カネは力強いものです。こんな強力なものを悪いやつに持たせてはいけません」

と言ったそうです。

戦後の日本は、善良な人から税金でカネを根こそぎ取り上げて、悪い人には税務署も手が出ず、悪い人にばかりカネが残ったわけです。だから、うわさに聞く暴力団の富は想像を絶するものです。スイスの銀行に何十億円も預けていた例もありましたが、それも氷山の一角と言われています。コリア系の人の戦後の富も税務署が日本人に対するように厳格にやらなかったからとされています。

今の税制では、悪い人たちにカネが集まって、いい人たちはみんな高級サラリーマンで終わらざるを得ないような仕組みになっているといっても過言ではないでしょう。しかも相続法は、左翼の民法学者が戦後、アメリカの占領軍さえ要求しなかった遺留分の条文を入れて、三代続いたら日本の大きな「家」は全部壊れるような時限爆弾を仕掛けたわけです。

「恒産《こうさん》なければ恒心《こうしん》なし」で、大きな財産を持っている日本人がいなくなると、みんな小物になってしまいます。それが怖いのです。「美田が悪」という考え方は、西郷隆盛級の革命期の英雄以外は有害と考えてよいのではないでしょうか。

前にも述べましたが、どういう老後をおくりたいか、その具体的なイメージを持てるかどうかが大きいのです。私が若い頃にたまたま読んだ本に、益田金六という人が書いたお金の話の本があります。

年の暮れである。どこの家でも大みそかの支払いで、大忙しで走り回っている。ところが、物語の主人公は暖かい部屋で火鉢にあたって、ゆっくりお茶を飲んでいる。それはお金をうまく儲けた人の話です。

どういう儲け方かは覚えていませんが、そのイメージを持っただけで、こういう人間になりたいと思える。それだけで変わってくるのです。これが、前にも述べた人生のイメージ・トレーニングです。

スポーツでは、ゴルフでも野球でもイメージ・トレーニングが盛んですが、残念ながら、自分の老後についてのイメージ・トレーニングを意識してやっている人は少ないようです。できれば十代、二十代から、遅くとも三十代、四十代にはじめないと、老齢になった時に間に合わないかもしれません。

ハイエク最後の予言……年金制度は必ずつぶれる

「老害」とは、会社や政党などで能力の落ちた老人がポストを譲らないことによる害です。普通はいくら長生きしても、誰の迷惑にもなりません。そこだけきちんとわきまえていれば、いくら生きていてもいいと思います。

ただ、これからのお年寄りに覚悟してもらわなければならないことは、少子化を通り越して、今やゼロ孫化時代に入ろうとしていることです。

われわれの世代は、だいたい四～五人きょうだいです。私の子供の世代は、二～三人きょうだいです。そこまでは少子化で、じわじわと人口が減ってくることは社会的には結構なことだったのです。

日露戦争の時（一九〇四年）の日本の人口は、四〇〇〇万人前後でした。今はその三倍になっていますから、半分ぐらいまでは減っても、むしろ日本の環境のためにはいいと思うのです。

ところが、私の孫の世代になると、ほとんどきょうだいがいないゼロの家が多くなります。つまり、一人っ子どころか子供のいない家族が少なくないのです。ですから、人口が今の半分の六〇〇〇万人になった時、五〇〇〇万人が老人で、一〇〇〇万人が若者という状況が生じる、そんな方向に社会全体が驀進《ばくしん》しています。それに対しての心構えは、これから老人になるすべての人の大事な覚悟のしどころ、つまり、腹のくくり場所です。

具体的に言って、年金制度は絶体絶命的に成り立たないという覚悟をすべきです。

年金制度は、われわれが若い時は、毎月月給から天引きされるので、素人考えでなんとなく積み立てておいてくれると思っていたのですが、実際はそうではなくて厚生労働省の役人たちがバーッと使っていたのです。

始めのうちは、若い者が多いからカネが集まりすぎて、使い道がない。それでべらぼうにカネのかかる保養施設などをつくってしまいました。それを今、誰も責任をとらずに、何十億円とかかった物件をなんと一〇〇〇円とか何万円とか、信じられない安値で市や町に払い下げたりしたわけです。つまり納められたお金を蓄積していくのでなく、集まったカネを今もらう人が使うという制度だったのです。

五〇〇〇万人の老人に一〇〇〇万人の若者になったら、もう絶体絶命です。国家に頼ることはできません。もしも頼れたらもっけの幸いなのです。

そのためには、保険でもなんでも老後の資金は自力で準備しなければなりません。それから、法律を改正してもらって、自分の財産を分割しないですみ、一人の子供に譲って、そのかわり責任を持って生活の面倒をみてもらえるような制度に切りかえることが必要です。これは、これからの高齢者にとって非常に大きな問題です。

ハイエクという、ノーベル賞までもらった経済学の大学者がいます。彼は、昭和一九年（一九四四年）に『The Road to Serfdom（隷従《れいじゅう》への道）』という天下の名著を書きました。

ハイエクはオーストリアのウィーンの生まれの著名な経済学者ですが、その業績を認められて、オーストリア経済研究所長、ウィーン大学講師を経てロンドン大学のLSE（London School of Economics and Political Science）の教授として招かれていました。

そのうち、ヒットラーが台頭しました。当時のイギリス人たちは、ヒットラーに反対ならなんでも自由主義の味方だと思って、大陸から逃げてきた、あるいは追われてきた経済学者や政治学者を喜んでどんどん迎え入れました。

ところが、ハイエクは、これは危ないと思ったのです。ヒットラーには嫌われても、思想は同じ社会主義です。ヒットラーのナチスは国家社会主義ドイツ労働者党《ナツィオナールツィアリスティシュ・ドイツェ・アルバイター・パイタル》の省略で、ヒットラーもムッソリーニも社会主義者です。けんかは社会主義者同士の間に起こっていた。彼は大陸の人だから、ドイツの学界の状況がよくわかったのです。

今、ヒットラーが追い出しているのは自由主義経済学者でなく、ヒットラーと根は同じ社会主義経済学者だということにイギリス人は気がつかない、すべて国営にしようというような社会主義はダメだ、社会主義は全国民を奴隷にするものであるということを、縷々《るる》書いたのです。

LSEの自分の同僚の中の少なからざる人たちは根はヒットラーと同じ社会主義経済学者ですから、これを書けばみんなから嫌われるとわかっていても書いたのです。

この著書のおかげで、ハイエクはアメリカでは『タイム』の表紙になるくらいの人気になりました。そんなことで彼もまたイギリスが住みにくくなったらしく、アメリカへ移るわけです。

この人は、マルクス主義あるいはソ連の崩壊を経済学的に明快に予測しました。それは、計画経済では絶対に行き詰まるという理由からです。計画経済では、モノの値段はつけようがない。

それはわれわれも戦争中に配給制度で知っていたことですが、配給の値段はすべて政府がつけてくるわけです。マル公制度と言って、㊋という判を押した定価表をつけなければならなかったのです。

ところが、実際の売買の多くはヤミでやっていたわけです。ヤミのほうはブラックですが市場原理で動くマーケットです。社会主義政権では表向きは全部マル公です。そんなことをやったら、必ず大変な不均衡《ふきんこう》が起こります。

笑い話のような話ですが、ソ連ではマーケットがないから、基本的にモノの売買が成り立ちませんでした。それで、たとえば机をつくる工場なら、この工場は年間どれだけの机をつくれというノルマを課すのですが、それを重さで決めたのです。

それぐらいしか基準の決め方がないので、ものすごく重い机をつくれば、つくる数が少なくていいということになり、解体直前のソ連の机は動かせないほど重い机ばかりだったそうです。

一事が万事で全部不経済になるのです。だから、ソ連は金の産出量世界一を誇り、アラビアに劣らないほどの原油を出し、無限の木材資源、石炭資源を持ちながら、瓦《が》解《かい》してしまったわけです。瓦解してみたら、みんな貧乏人です。ハイエクは、これを的確に予測していました。

そのハイエクが、今から四〇年ぐらい前、よく日本に招《よ》ばれて来ていました。その時、私はずっと彼の通訳をやりました。大蔵省や財界人の集まりでやった彼の講演を聞いていて、なるほどと思ったのです。

国営企業にしたら必ずつぶれる。日本の国鉄でも、毎年何兆円という赤字が出ていました。道路公団も同じです。国営企業は必ずつぶれるということを予言していたわけです。ハイエクが亡くなる前にソ連は解体しましたから、約四〇年後に自分の予言が実現したのを見ることができました。

そのハイエクが、その本の最後の版に新しい序文をつけたのです。

その中で彼は、「今や社会主義で残っているのは税制だけだ。どこの国でも、産業を国有化することはソ連の解体を見てからやめてしまった。あれだけの天然資源を持っているソ連ですら国営化したらつぶれるのだから、もう誰もやらない。残っているのは税制で、これはまだ社会主義的精神でやっている。もう一つは福祉政策で、これは国営化した事業ほど早くはつぶれないだろうが、同じ原理で動いているので、遠からず必ずダメになる」

と言う主旨のことを書いています。

ハイエクの最後の予言です。これはわが国の人口の推移を見ても、当たっています。

一〇年ほど前、われわれの小さな研究会に年金の専門家をお招きしました。その時に私は、今の厚生労働省は、日本の人口が半分になるのはいつだと考えて年金制度を運営しているのかという質問をしました。

答えは驚くべきことに平成一〇〇年だそうです。そんなバカなことはありません。それは平成一〇〇年まで一応計画を立てて、それに合わせて出生率を決めているだけで、実際のその時はすぐそこに来てしまっているはずなのです。

今、四〇パーセント以上の若い人はもう年金を納めていないと報じられています。私は、そういう若い人を責める気はありません。振り返ってみれば、自分の後輩はいない。自分たちが納めるのは、今生きている元気な老人たちのためだから、ばかばかしいということになるでしょう。年金制度は必ずつぶれます。これから老人になる人は、それに対して腹を決めておかなければなりません。

戦後の風潮の中で生まれた子供と親の関係について

私の年頃の人間は戦前の意識で育っています。特に私は田舎育ちで長男でしたから、親を養うのが最高最大の責務でした。

長男といっても兄は早く死に、あとは姉ばかりの末っ子でしたので、大学に入学した時は両親ともすでに高齢でした。学資は、入学して一年目はすべて親に出してもらいましたが、二年目からは学科で一番になれば学費免除になりましたので、必ず一番を目指しました。これはつらいことでした。

大学二年の頃からは、家計を支えるところまではいきませんでしたが、夏休みに帰郷した際は、露店商、いわゆるテキヤの仲間に入って商売をして、その稼ぎをみんな家に入れ、また東京に戻ってきました。

大学院に入ってからは、もう奨学金は支給されないので、働かなければなりません。ただ、アルバイトをちゃんと世話してもらったので助かりました。当時の大学院は夕方からでしたので、午前中はアルバイトの教員として小中学校で教えて、その給料も家に送っていました。

その頃はまだ老人の年金制度がありませんでした。大学時代も相当働いて、稼ぎはほとんど家に入れていましたが、大学院時代はいよいよ家計を支える立場になりました。

そんな中で留学もしました。今から半世紀以上も前の昭和三〇年（一九五五年）のことですから、日本政府には留学制度がなく、外国の留学制度による留学でした。大学の助手には留学中、手当が支給されませんが、留学させていただくだけで御《おん》の字でした。

とはいえ、家計を支える身です。教えていた小中学校に頼み込んで、帰ってから返済する約束で、その給料をすべて親に送ってもらいました。ことほどさように、私の頭の中では親の生活を見ることが最高最大の責務でした。

私の体験から言いますと、家からの経済的援助が何もなくても、大学を出ることは簡単です。しかし、大学生で家計の面倒を見なければならないというのは、実に実に気の重いことでした。

結婚して以降も、幸い家内も私とほぼ同じ世代ですから、親の生活を見ることを受け入れる下地がありました。

ところが私の子供たちの世代は、親に対する考え、家庭に対する考えがわれわれとはまるで違います。したがって子供の配偶者との関係においても、別にどちらも悪くないのにお互いに感覚的なずれがあるため、「これは一緒にやっていけないな」と感じてしまうところが相当出ると思います。

この親子間の心理的ギャップは、親の問題ではありません。さかのぼれば、日本は戦争に負け、六〇〇万人と言われる犠牲者を出しました。そして占領された結果、アメリカ軍が日本人を洗脳し、日本の伝統を破壊する目的でつくった憲法に支配されました。その新憲法以来の戦後社会全体の風潮の中で心理的ギャップが醸成《じょうせい》されたのです。

日本の伝統的な感覚からすれば、子供世代に対しては腹が立つばかりです。うちは幸いにして私も家内も元気です。子供を当てにするどころか、まだ子供に時々は当てにされていると思っていますが、そうでない人は、「これも戦争に負けたのだからしようがない」と諦めの心境ぐらいにならないと、子供とはつき合っていけない。親子の問題については、「要は悟り」の問題です。

示唆に富むアメリカ人の老人観

定年後の生活に関しては、私や谷沢永一先生のように半分人生を捨てたような生活をおくる人間は、定年になっても一向構わない。むしろもっと早く辞めればよかったと思うくらいです。実際に谷沢先生は定年の一〇年前に辞められ、私はうらやましく思いました。ただ、こう思えるのは恵まれた一部の人間であることも承知しています。

特に理工系の人は、旧制中学で私よりもずっと成績がよかった人でも、大学や企業を辞めてしまうと、機械や設備がないため、自宅で研究や仕事を続けるわけにいきません。そこが本さえあれば何とかなるわれわれ文系の人間と基本的に違うところです。

ある賢夫人は、大学で生物学の先生をしていたご主人が定年後、家で実に寂しそうにしているのを見て、退職金をつぎ込んで電子顕微鏡を買ってあげたそうです。「電子顕微鏡を個人で持っているのは、昭和天皇と自分の亭主だけだ」と言っていましたが、目論見《もくろみ》どおり、ご主人はそれで生活に張りを取り戻したそうです。

もちろん、こんな恵まれたケースは例外です。多くの方が、定年後どういう生き方をすればいいか不安を抱いていると思います。

その方々に対して、人生を半分捨てたような生活をおくる私が忠告する資格はないというのが正直なところですが、強《し》いて言えば、定年後の生き方として青年時代と同じ感激をもたらす詩歌《しいか》の道、あるいは自分の能力を生かしたボランティアの道が考えられます。

そしてその二つの道も含めて、老年をどう過ごすかという準備は、できれば四十代の頃からしておいたほうがいいと思います。老齢になった場合を考えての「人生のイメージ・トレーニング」ですね。理想を言えば、就職前の若い人にも、みずからの老後について考えてもらいたいと思っています。

私は昔からアメリカの修養書のたぐいを訳していますアメリカは能力主義でずっ

と来て、現代のグローバル化しつつある日本を先取りしています。定年後の生活を考える場合、彼らアメリカ人の老人観のほうが日本人によるものよりも示唆《しさ》に富み、役立つかもしれません。

私の目から見て参考になると思われるのは次の点です。

（1）老後を国に見てもらうという発想があまりない。

（2）子供が好きでたくさん産んだり、養子を多く育てたりする人が多いが、見返りはほとんど期待しない。

（3）老後のために貯える発想が強い。だから親に余裕があっても、子供の多くは奨学金やアルバイトで大学に進む。

（4）相続は遺言の力が一〇〇パーセントと言ってよい。それで資産があれば、子供や関係者に大切にされると知って蓄財に熱心である。

秀吉に学ぶ「事に当たって恐るるなかれ」

私は大学の教員になってから、長期間にわたって言論糺弾《きゅうだん》団体に押しかけられるというトラブルに見舞われたことが二度ほどあります。その間、大学にいる時は本当に大変でしたが、それでも家に帰る時までには気持ちを整理して学校でのことは忘れるようにしていました。おそらく家内は、自分の亭主にそんなトラブルが起こっていたとは最後まで気がついていなかったと思います。

私が混乱を乗り越えることができたのは、子供の頃、講談社の『少年倶楽部』か何かに連載されていた佐藤紅緑《こうろく》（佐藤愛子さんの父上）の「来れ語らむ」という文章を読んだからだと思います。

その文章の中にあった「豊臣秀吉の偉いところは、その一生に恐怖感がなかったことだ」という一節を読み、子供ながら、事に当たって恐怖感を持たないということは重要だなと感心し、以来、「事に当たって恐るるなかれ」という言葉を繰り返し自分に言い聞かせてきました。ただし、私は家内の車の運転に非常な恐怖感を感じます。同じ恐怖感でもこの種のことは別物です。

もう少し小さい事例を言うと、半世紀前の日本には英会話ができる人はあまりいませんでした。われわれは英文科でしたから多少できたのですが、それが突然、「ドイツへ留学しろ」と言われたのです。当時、英語学研究の水準はドイツが世界最高でした。イギリスよりもはるかに高かったのです。

その留学話が出た時、私を推してくださった先生は「君は英文科出身だから、学位を取るところまで無理するな」と言われました。当時は留学生が挫折《ざせつ》感やノイローゼでよく自殺したので、心配してくださったのだと思いますが、私は留学することに一瞬の躊躇《ちゅうちょ》も覚えませんでした。ドイツ語会話をどうしようかなどとは少しも考えませんでした。

ドイツ語会話は一時間もやったことがなかったのですが、「恐るるなかれ」で向こうに行ってしまいました。結局、ドイツの大学が規定した最短の時間で、「マグナ・クム・ラウデ（大いなる称賛をもって）」という言葉がつく優等の博士の学位を取り、日本の英語学者として最初に三〇〇ページの本をヨーロッパで出版しました。

織田信長が本能寺で殺されたという情報が豊臣秀吉のもとにもたらされた時、彼の眼前には毛利の大軍がいました。その時の秀吉と比べたら、自分の心配など爪の垢にもならない。万事この伝で自分に果たしてできるかという不安を払拭《ふっしょく》し、「汝《なんじ》、恐るるなかれ」で今日までやろうと努めてきました。

そして、「明日は明日の風が吹く」という言葉も私のバイブルです。明日を思い患うことなかれ。ソロモンの栄華の極みのときでも野に咲くユリの花に及ばなかったではないか。それぐらい神様は見てくださるのだと思って、どんなトラブルに遭っても家に帰る時までには不愉快なことは忘れるようにしました。

また、学生時代から夏休み中は露店商の商売をやった経験がありましたから、いざとなったら、テキヤの親分のところに行って「仕事をやらせてください」と言えばすむ話だと思い、トラブルが起こってもどんと構えていられたのです。

近年、日本の中高年の経済苦による自殺は、世界的に見ても多いと言われています。でも、お金の問題でいったら、戦前の日本はみんな貧乏でした。しかし、今のような自殺は多くなかったのではないでしょうか。

自殺するぐらいなら、低収入でもいい、人の嫌がる仕事をなぜやらないのかと思ってしまいます。人が嫌がる仕事なら必ず雇いたいところがあるはずです。

満洲から引き揚げてくる時、泥水をすすり、草をかんで飢えをしのぎ、辛酸をなめ尽くした人はかえって自殺など考えなかったと思います。

キリスト教では自殺は最大の罪ですが、日本では必ずしも罪悪視しません。むしろ切腹など自死を美化する傾向もあります。責任をとる行動としての切腹は立派ですが、切腹があるから自殺してもいいということにはなりません。

人生は「生きてこそ」ではないでしょうか。

子供へは遺産ではなく教育を残すこと

人生においては意外なものが影響を持つことがあります。私にとっては、子供の頃に偶然読んだ佐藤紅緑の秀吉に関する文章もその一つですし、もう一つ、『エリザベス・アプルトン』というアメリカの通俗小説もそうです。

私はアメリカに行った時にジョン・オウハーラの『エリザベス・アプルトン』を読みました。通俗小説ですから、アメリカ文学史で取り上げられるわけではなく、教訓の本として読まれるたぐいの本でもないのですが、当時アメリカではちょっと評判になりました。

エリザベス・アプルトンは金持ちの女性で、大学の先生と結婚します。彼女の財産をもとに夫妻は贅沢な生活をおくりますが、後に息子が問題を起こします。その時の息子の恨み言が私の印象に強く残りました。それは「自分の父親はしょうもない絵をよく買っていた。それなのに、自分が大学生の時、ヨーロッパで勉強させてくれと言ったらカネを出してくれなかった」という言葉です。

それは小説の中の何ということもないシーンです。しかし、私は考えました。親が死んで子供に遺産を残しても、それは子供にとっては遅すぎるのです。

大財閥なら別ですが、普通の親の財産を四〇歳、五〇歳になって、もう生涯のコースがガチッと決まってしまった子供がもらっても、せいぜい配偶者とフランス料理のレストランや外国旅行に行くのが関の山です。

そのお金は、子供の精神形成のために使ってこそ大きな効果を持つのだと思います。

私は自分の子供の教育にカネをかけました。トータルでは大学の退職金の十倍もの金額です。もちろん、それは借金で賄いました。ですから、定年近くまで銀行には億もの借金がありました。しかし、そのおかげでうちの子供は好きな道で生計を立てるに至っていますから、もって瞑《めい》すべしです。

お金は遺産で残すより教育という形で残したほうがいいと私は考えています。これは通俗小説のなにげない一節がヒントです。ヒントは何も偉い人のごたいそうな本に書いてあるだけではないのです。

定年制度とは、能力差別ができないゆえにある制度だと見極める

私は、客員教授としてアメリカで教鞭《きょうべん》をとったことがあります。今から四五年以上前ですから、日本に比べてアメリカは生活水準が高く、給料は日本の大学でもらって

いた額の六倍、日本の半年分が一カ月分でした。

私は上智大学から一年の休みをもらってアメリカに行きました。向こうでは「いたければもっといてもいい」と言ってくれましたが、いくら好待遇でよい生活ができても、日本のほうがいいと思いました。

当時の日本の大学は、自分の勝手な都合で休講することが簡単にできました。私は勝手な休講はしませんでした。休もうと思えば休めるけれども、休まないというのがむしろ誇りだったわけです。アメリカは厳しくて、大学の先生でも絶対に休めない。教える時間が少ないのでたいした負担ではありませんが、気分的に圧迫されている感じがしたのです。

もともとアメリカで生まれ育てばなんとも思わなかったかもしれませんが、すでに日本の大学の一度つかったらなかなか抜けられないぬるま湯的雰囲気に染まっていました。せっかくよい生活を続けられるチャンスをもらったのですが、圧迫感があるのはごめんだと思って、当時、月給六分の一の日本の大学に戻りました。

アメリカではやっていけない差別が三つあります。第一はレイシズム（人種差別）。

第二はセクシズム（性差別）。第三はエイジズム（年齢差別）ですが、この年齢差別という概念は日本にはないものです。

逆に差別しなければならないものもあります。それは能力による差別です。能力による差別を行わなければ不正だという、ものすごく強い感情があるのです。

したがって、アメリカでよい生活を手に入れ、それを維持するには、本人の能力がすべてですから大変な努力が要求されます。その意味ではアメリカの社会は厳しいものです。前に聞いた話では、倒産した某大銀行の人が外資系銀行に勤め、頑張って働いて退職金を一億円ぐらいもらったらしいのですが、「外資は二度とイヤだ」と言っているそうです。

一方、日本の場合は、能力で待遇にひどく差をつけたり、クビにしたりするのは邪悪とされます。日本人は能力差別という点でアメリカと一番大きなギャップを感じるのではないかと思います。逆にアメリカ人からすると、日本は能力があってもすぐ抜《ばっ》擢《てき》してくれないし、給料を上げてくれないからイヤだと言うかもしれません。

これからは日本の会社もどんどんアメリカ式に切りかえていくでしょう。日本の労働環境に適応した人、特に今定年退職を迎える人、しばらくしてから迎える人にとっては、アメリカ的な労働環境は辛いと思います。

今までの日本は能力差別がむしろ忌避《きひ》される社会でしたが、グローバル化の時代はいや応なしに、能力差別をしないと不正と見なされるアメリカ型に向かっています。われわれはそのことを知って腹をくくらなければいけません。

ただ、日本の場合、能力差別がまだまだ徹底していませんから、無能だからといってポンとクビを切ることはできない。そうすると、有能な人も含めて定年という制度で一緒にやめてもらうことになる。定年制度は、能力差別ができないからやっている制度だと見極める必要があります。

二〇年ほど前に私の恩師ロゲンドルフ先生が上智大学を七〇歳で定年退職されました。先生はドイツ人でイギリスの大学の修士を持っています。フランスでも学んでいます。比較文学をやらせたら、こんなすぐれた人はいないというほどの先生でしたが、神父さんでもあったので、大学からいわゆる給料をもらっていませんでした。

ロゲンドルフ先生の講義は、教職にあったわれわれでさえ出たいと思うくらいすばらしいものでしたから、定年退職されるのはもったいないと心から思いました。しかし、有能な上に神父で給料を取らないからといって大学に置き続けると、まったく無能なのに給料までもらっている他の先生が駄々をこねる。それがはっきり見えたので、やっぱり日本は能力差別しないために定年制度を設けているのだと肌で感じました。

今でもボケて教えられなくなったのに大学に在籍している先生がいたりします。体が悪いと称して最終講義もできないで退職する教授もいます。あるいは、最終講義には出たけれども、「何々は……」とワンセンテンスを言ったきり、その後、四〇分ぐらい黙って座ったまま講義を終えた先生もいます。

なぜそんな先生が定年までいるのか。それは他の先生が「あの人もいるんだからいいや」と思ってホッとするからです。これは雰囲気としてはいいのですが、能力主義から見たら、「そんなバカな」ということになります。ですから、定年退職する人は能力差別ができない社会にいるから定年になるのであって、能力がまだ十分ある人は、無能力者に合わせて犠牲になっていると言えましょう。自分と一緒に定年になる人の中には、もう一〇年前にクビになってもいいような無能な人もいっぱいいるはずだ、と思えばいいのです。

数年前に聞いた話ですが、某国立大学教授が定年になりました。ところが、自分の父親はアメリカでまだ教鞭をとっているので、彼は「父親がまだ現役なのに、自分は定年になってしまった」と苦笑いしていたそうです。アメリカやドイツの大学には、日本の大学のような定年制度がないからです。その代わり無能とわかれば、若くてもクビになります。

老年になって大事なことは、成功より失敗しないこと

私は邱永漢氏の著書が非常に好きです。

ご著書によると、七〇歳の坂を簡単に超えられると思っていたら、破産に近いぐらい大変な状況になったそうです。邱さんほどの方だからうまく乗り切れたのであって、普通の人は、七〇歳ぐらいで調子に乗って新しいことに手を出したりすると、スッテンテンになるおそれがあります。年をとったら、成功することを考えるよりも失敗し

ないように注意したほうがいいと思います。

豊臣秀吉も朝鮮出兵などしなければ、豊臣家滅亡という悲惨な結末を招くことはなかったはずです。彼は、それまでずっと成功し続けてきました。その成功体験で最後の最後に大勝負に打って出たのですが、完全に時機を誤りました。厖大《ぼうだい》なエネルギーを要する大事業は三十代か四十代でやるべきです。

晩年の秀吉に、あの颯爽《さっそう》とした昔日《せきじつ》の彼の面影を見ることができません。

朝鮮出兵において、秀吉軍は陸上では快進撃を続けて、現在の平壌《ピョンヤン》あたりまで征服しました。ところが、海戦はまったく振るいませんでした。広い海では十分戦えたのに、多島海に攻め入って、地の利を知る敵にやられてしまったのです。

その時に危険を察知して多島海に入らなかった水軍がありました。それは九鬼《くき》水軍です。

九鬼水軍は三重の志摩《しま》半島周辺を根拠地としていましたから、地理を知らない多島海に入り込むリスクを知っていました。慣れない武将の指揮をする水軍は功を焦って入り込み、多くの軍勢を失いました。

晩年の秀吉の衰えを如実《にょじつ》に感じさせるのは、第二次朝鮮出兵の時に、九鬼水軍は役に立たないと言って出兵させなかったことです。若い頃の秀吉なら、第一次出兵で唯一無事だった九鬼水軍から多島海の危険性を聞き、彼らの経験を高く買って、むしろ九鬼を水軍の総大将に据えることすらしたかもしれません。

また、日本の軍船が敵の火炎弾にやられたと聞けば、信長の例もあることだから甲《かん》板《ぱん》を鉄板で覆うなどの対策を施して第二次出兵に臨んだでしょう。

秀吉の朝鮮出兵の失敗は、補給の不手際も大きな原因です。当時、朝鮮には鉄砲がありませんでした。しかも、日本軍は戦国時代の真っただ中で戦争慣れしていましたから、陸上では無敵でした。指揮系統がしっかりして補給さえうまくいけば勝つことは難しくなかったはずです。若い頃の秀吉、あるいは信長なら、その辺をよく分析して、ぬかりなく準備したと思います。

しかし、現実には二度目の朝鮮出兵は惨憺《さんたん》たる結果に終わりました。残念ながら秀吉は、日本史において晩節を汚《けが》した典型になってしまったのです。

一方、猛将でありながら、節度ある晩年をおくり、名誉を保った人もいます。

それは伊達政宗です。政宗は天下を狙える力量を持つほどの武将でしたが、天下の大勢を判断して、関東には攻め上がりませんでした。秀吉の器量に服し、後には家康につきます。天下を狙うほどの能力を持ちながら、天下の大勢と自分の年齢を考えて徳川幕府と共存することにしたわけです。彼が仙台にとどまったのは決して恥ではありません。むしろ英断と称《たた》えられる行為です。

実業界でも年をとってから、あのとき新しい事業をやらなければよかったと自責の念を持つ人は多くいると思います。

老人の頑固には二種類ある

今の秀吉の例にも関連しますが、よく老人は頑固だと言われます。ただこの場合は、単に適応能力の喪失を示すだけの頑固と、一つの信念に基づいた頑固との二種類あると思います。

私は、信念に基づく頑固者がたくさんいる国のほうが尊敬されると思います。その例がイギリスです。ヨーロッパのどこの国に行っても、好き嫌いは別として、イギリスには一目置いていているところがあります。

イギリス人は頑固者や変わり者が多い国です。頑固でなければ生きられない状況があったのです。イギリスではピューリタン革命でクロムウェルが国王の首を切りました。その時に王党派についた騎士階級はひどい目に遭いましたが、王様と英国教会に対する忠誠心を捨てないで王政復古を迎えたのです。王政復古の後は、ピューリタンは失脚して再び迫害を受けますが、断固として自分たちの信念を守りました。

ピューリタンはウソを言わず、勤勉に仕事をしましたから、上流階級にはなれなかったものの、中産階級の中心になりました。これがイギリス人の背骨になったのです。

信念の固い彼らの血を受け継いで、イギリス人は愛国心が強く、新しいものが流行しても、自分たちは自分たちだという考えで古いものを容易に捨てません。古いものをどんどん捨てていった他のヨーロッパの国の人々は、「イギリス人は嫌いだ」と言いながら、ちょっと尊敬の念が混じるのです。

どんなイギリス嫌いでもオックスフォードやケンブリッジのような古い大学で学ん

だ人はアングロファイル（イギリス好き）になります。そういう古いしきたりの中から、自然科学のニュートンやダーウィン、経済学のアダム・スミスやリカードが出るのですから、ライフ・スタイルの古風さは頭脳の硬化とは別物です。

イギリスはただ古いものを大事にしているだけではありません。古いところが残っているから、かえって安心して新しいものを生み出せるという面があって、ビートルズなどもそうですが、芸術分野をはじめ、最先端のものが結構イギリスから誕生しているのです。その点、日本に世界一古い皇室や古代から続いている神社・仏閣があるのはすばらしいことです。この「古さ」が近代産業と両立していることが日本に対する外国人の敬意のもとになっていると言ってよいでしょう。

第六章　誇りをもって人生をまっとうするために

叙勲に値するのは、命がけの仕事をする人々である

たとえ勲章はもらっていなくても、周囲の人あるいは後世の人から見れば、勲章以上の価値を持つ偉大な仕事をしている人がいます。

私は漫画家の手塚治虫さんがそうだと思います。彼は日本の戦後の漫画のリーダーです。今、日本のアニメが世界で高い評価を得ています。この今日《こんにち》があるのは、手塚氏のおかげと言っても過言ではありません。

私は手塚氏こそ文化勲章にふさわしいと思っていたのですが、当時、漫画を評価できる人は文化庁にはいなかったようでした。二〇年以上も前に私はそんなことを書いたのですが、私は何分《なにぶん》その筋に影響力を持ちませんから何の効果もなく残念でした。

音楽の鈴木鎮一《しんいち》さんもそうです。鈴木メソッドは世界一です。いま世界で活躍している日本のバイオリニストはほとんどすべて江藤俊哉先生の弟子ですが、その江藤先生の師匠が鈴木氏です。鈴木メソッドは世界中で高く評価されて、アメリカだけでも

三〇万人の子供がそのメソッドでバイオリンを習っているそうですが、鈴木氏も一番下の位の勲章すら与えられなかったようです。東京芸大を出ていなかったので、評判を耳にしても、「なんだ民間人か」という反応で有力な推薦者がいなかったらしいのです。

叙勲《じょくん》選考者はいったい何を見ているのかと思いますが、逆に言えば、手塚さんも鈴木さんも、当時の人々の視野をはるかに超えたところで貴重な仕事をしていたということです。勲章をもらわなかったことこそ、彼らが実は最高の勲章以上の尊敬を受けるに値する人間であったことを証明していると思います。

松下幸之助のような大会社の経営者は、日本の産業を発展させた功績はたしかに大きいのですが、すでに大富豪になって、この世では十分に報いられていると思います。ただ日本では、すでに社会的に報いられた人が、その社会的地位の高さや名声に比例した勲位をもらう仕組みになっています。

ですから、実業界で最後まで汚職せず、背任行為もなくやってきた人や、官界でつつがなく任務を果たした人も高い勲位をもらえる。こうした勲章はあっていいと思います。

しかし、本当の意味で叙勲に値するのは、軍人、消防士、警察官など命がけの仕事をする人たちです。彼らの勲章は、実業家や政治家がもらう勲章とはまったく違う、本当に尊敬に値する勲章という意味で、「勲」ではなくて「功」に叙するべきだと思います。

戦前は勲一等の他に功一級、功二級がありました。「功」は別名金鵄勲章《きんしくんしょう》と言って、軍人でなければもらえなかった。軍人は「功」をもらうことが誇りでした。しかし、「功」も軍人としての地位が高い人がもらうという形にだんだん変化していきました。「功」の勲章はたいしたものでした。私の祖母が生まれた村に子供や孫に対してえらく威張っているおばあさんがいました。

おばあさんはうちの近所に住んでいた息子――と言っても子供の数人いる成人男子――のところにも時々来て、彼を叱り飛ばしていました。彼はたしかに怠け者だったのですが、戦前の農村のおばあさんが大人になった息子を叱ることは、あまりありませんでした。

どうしてあのおばあさんはあんなに威張っているのかと思って聞いてみると、おばあさんの夫が日露戦争の時、命がけで川を渡って斥候《せっこう》の役目を果たしたとかで、下の位ではあるけれども功何級かの金鵄勲章をもらっているのです。金鵄勲章にはカネがつき、それは本人が死んでも未亡人につく。おばあさんは年金を手にしていたわけです。当時の日本の普通の人たちには年金はありませんでした。

昔の田舎は、田んぼがありますから食うには困りませんが、現金はどこの家でもあまり持っていません。おばあさんは何のかんのと文句を言います。でもたとえば、「家を直せ」と文句も言うけどカネも出す。だから威張れたのです。

これもまたうちの近くのお菓子屋の主人は、日露戦争で足を一本なくしました。それで上の位の功の勲章をもらい、小さいお菓子屋でしたが、家作をいくつか買っていました。功の勲章があったから、日本の兵隊さんは勇敢だったのかもしれません。

何百万人も軍隊に動員された大東亜戦争では不可能なことですが、日清・日露戦争では、功の勲章をもらうような勇敢な兵隊は、一族の名誉であると同時に最高の社会保障でもあったのです。命がけで働く人には、今でも功のような勲章が必要だと思います。

アメリカでは、勲章をもらえるのは命がけの軍人と消防士だけです。大統領になって戦争に勝とうが、商売で成功して大富豪、大財閥になろうが、勲章はない。ドイツや日本に勝ったルーズベルト大統領だって勲章をもらっていません。大金持ちはカネを持っているのだからいいじゃないか、大統領だって自分がなりたいからなったんじゃないかという考え方なのです。

アメリカ人の消防士への尊敬の念の高さは、われわれ日本人にも9・11のテロの時によくわかったと思います。

数年前にはこんな事件がありました。アメリカの統合参謀《さんぼう》本部の偉い人が、戦場にいた人でなければもらえない勲章をつけていたところ、当人は戦場に出ていないことを指摘され、その人は結局、自殺しました。アメリカでは、命がけの仕事をした証しである勲章はそれぐらい重いのです。

アメリカには、どんなに偉くなっても命がけの仕事をしない限りもらえない勲章がありません。今の日本にはそうした勲章がありません。日本政府はイラクへ自衛隊を派遺しました。国のために命にかかわる仕事をした人のための勲章が別に必要です。そして、それにはうんと高い年金をつけるべきです。そのかわり社会で成功した人たちは、すでに十分に報いられているのだ、というアメリカ人の考え方を入れることも重要でしょう。

いい医者とは、私の知る限り薬の量をなるべく減らそうと努力する

年をとると病気が多くなり、医者とのつき合いが増えます。なるべくならいいお医者さんにかかりたいものです。私が知る限りでは、薬の量をなるべく減らそうとする努力が見え、検査値に頼らず、その患者さん自身をきちんと診てくれる医者がいい医者と言えましょう。

今、日本のほとんどの食べ物には賞味期限がついています。食べ物が新しいか古いかはわれわれの五感で判断できますから、賞味期限などつける必要はないと思います。生菓子だったら、一口かじってみれば、「ああ、固くなったな」とすぐわかりますし、

缶詰の賞味期限に至ってはナンセンスです。

この頃の人間は、賞味期限を少しでも過ぎたものは有毒であるかのように思っていて、ポイポイ捨ててしまいます。特に子供たちはそうです。自分の感覚を信じていないから、多分に販売政策という面が強い賞味期限によって、企業の思惑どおり心理的に操られているのです。

賞味期限をごまかした鶏卵が問題になりました。その卵にあたった例もあったようです。しかし、卵は割ってみれば悪くなったのはすぐわかるはずですが、それがわからなかったのは、インチキの賞味期限を信じて自分の目を使わなかったのでしょう。

賞味期限と同じように、近頃のお医者さんも血圧や何かの検査値を金科玉条のごとく考えているタイプの人がいます。血圧の場合、今は140以上だと高血圧とされるようですが、血圧は年齢、体質により適正値がずいぶん違います。

タンパク質をたくさん摂取して血管が丈夫であれば、血圧200でも平気だと言う先生もいますし、私の知っているお医者さんは、よほど悪くない限り、みんなに「上は130、下は80。いいですね」と言ってあげるそうです。それでいいと思うのです。

アメリカに長く住んでいた人によると、日本人がみんな血糖値や総コレステロール値がどうのこうのと細かい数字を知っていることにびっくりしたそうです。アメリカの医者はそんなことは一言も言わないというのです。

日本の今のお医者さんは、患者を診ないで検査の数字だけを見る傾向があります。そして、本当は大丈夫な人を病人にしてしまう。そうした数字は本来ものすごく個人差があります。同じ値でも心配ない人とそうでない人がいます。

ですから、数字以上にその患者本人をよく診るべきです。うるさく数字を言うお医者さんは、賞味期限に操られている若者と同じように見えます。

日本では寝たきり老人の介護が社会問題になっています。それは多くの場合、寝たきり老人を家庭で見ているからです。

外国は家族で老人の面倒を見るという考え方が薄く、寝たきり状態になった老人は原則として病院に入れます。これには画一的な感じがしないでもないですが、寝たきり老人が社会的問題化することはあまりありません。

寝たきり老人問題は、裏返せば日本の家族制度の美風のなごりと言えますが、日本も今後は次第に外国のようになっていくのではないかと思っています。

外国の老人というと、日本なら寝たきりになっているような人でも、とにかく助けられてでもきちんと身つくろいして、車いすに乗ってテレビを見るなど、起きている姿がテレビの画面を通してよく紹介されています。

私は古書の学会に入っていますが、この学会は平均年齢が七〇歳以上です。何をするにも助けが必要で、はた迷惑だからもうやめたらいいのにと思うような老人も頑張って出席しています。私などは、年寄りなのによく頑張るな、そんなに頑張らなくてもいいのにとつい思うこともあります。

しかし、アメリカでは老人でも筋肉を鍛えるとよいというので、腕力の強い老人が増えているそうです。そういう老人と柔道をやった人の話を聞いたら、「平均的な若者たちよりずっと力が強かった」と言っていました。三石巌先生も八〇歳を過ぎてから筋肉が強くなったという御自分の体験を書いておられます。過度でなければ、老人の筋肉トレーニングもよいでしょう。

私も三石先生を真似て少しやっています。それでも外国と日本では世界観に根本的な違いがあって、日本の社会には年寄りはそんなに頑張らないで静かに過ごせばいいというどこか優しい雰囲気があります。

もちろん老後に対する考え方は個人個人で違いますが、介護など条件が許せば、寝たきりもまた幸せな老後かもしれません。私自身は意識までないような寝たきりになったら、尊厳死を選びたいと思ってそういう会に登録することも考えています。

尊厳死宣言（リビング・ウィル）を認めるべきである

今も述べたように私は、尊厳死は必要だと思っています。私の考えは、どちらかといえば自然主義です。医療ですら、あまり無理すべきではないという考えです。

もしも自分が治る見込みのない病気にかかったとして、意識もあるかないかわからないような状態になったら、体中にチューブをつけられて何年も生かされているというのは、私自身、望みません。

痛みが激しくて、麻薬も効かなくなったような人など、当人も、こんなに苦しいのはやめてもらいたいと思っているかもしれません。そのような人についてどう対応したらいいか、今はお医者さんがうっかりすると告訴されて殺人罪に問われたりするから、臆病になっているのです。そのあたりは、医学的、あるいは法律的な手続きは必要でしょうが、基本的には無理な治療は神の意思に反すると思っています。

尊厳死宣言（リビング・ウィル）をしても別に法的強制力は持たないのでしょうが、無駄な延命治療をさせないことはできると思います。

私は、尊厳死を認めることは進めるべきだと思っています。現代の医療は、神を信ずる人には神の意思、自然の法則を信ずる人には自然の意思に反する領域にまで入っているような感じさえするのです。

私は、人間の基本は記憶だという考え方ですから、人間は記憶が完全になくなって、それでも元気なら別ですが、それが寝たきりになってチューブだけで生かされる必要はないと思います。昔のとおり、自然にしていたら亡くなったということでいいのではないでしょうか。

ただ、苦しんだら必ず痛みはとめてあげないといけない。痛みをとめることは治療の非常に重要な要素だと思います。

最近はホスピス病院なども増えてきていて、終末医療も含めて社会全体がその方向に向かっていると思います。

「メメント・モリ」について

ヨーロッパでは、ペストが猖獗《しょうけつ》を極めた中で、「メメント・モリ（死を思え）」という人生態度が生まれました。霊魂の不滅を信じる立場から言えば、人生では死が至るところで待ち構えている。それに備えて、いつもいいことをするように心がけようということになります。

「死」ということは古今東西の大問題で簡単に論ずべきことではないでしょう。ただ、私が若い頃に田中美知太郎先生に聞いた話が印象深く頭に残っています。それは大体、次のようなものでした。

「〝徳〟を意味するヴィルトスという単語はヴィル、すなわち〝男〟という単語から出ている。つまり〝男らしさ〟というのが徳の根本的意味である。その〝男らしさ〟ということは、〝自分自身以上の価値のために死ねることだ〟という考え方がギリシャ哲学の中にある」

これは高貴な思想だと思いました。

私は、中高年になって死後を保障するような人生観を与えてくれる宗教を信じることができれば、その人は非常に幸せだと思います。死んだら何もないと言う人もいますが、その人は「自分の人生は何だったんだろう」と思わないのかなと思います。

ただ、死んだら何も残らないと考える人はもちろん、霊魂は残ると考える人も、肉体はどうせ土に戻るのだからということで、考えの違いほど、埋葬の形式にはこだわりはないようです。

ヒマラヤの鳥葬は、霊魂は残るけれども、肉体はただ腐らせるのはもったいないから鳥に食べさせようというところから出たものでしょう。

たしかに埋葬の形式にこだわらないというのは合理的です。立派な墓をつくって、それを守っても、そこには肉体の残骸しかありませんから、どうということはないのです。ただ私は、子孫が先祖の墓を守るというのは、世界中の文明国では自然の情だと思います。

たまたま見ていたテレビ番組で、ロシアではきれいな墓を建てることが非常に流行っているという話をしていました。

共産主義の時代は唯物論ですから、本当に画一的な、つまらない墓でしたが、今はなるべくいいものを建てることが大流行して、石屋が大忙しだということでした。

その画面の中で、墓をつくっているおばさんが、自分の面倒を見てくれた人たちの記憶を墓で残したいと言っていましたが、それが自然の情だと思います。

ノーベル医学賞を受賞した外科医・カレルが信じた〝ルルドの奇跡〟

ネイティブ・アメリカンの詩を集めた『今日は死ぬのにもってこいの日』（めるくまーる）というロングセラーの本があります。自然との共生をうたい、人も草も木もすべてがつながっているとする彼らの大らかで堂々とした死生観はわれわれに安心感を与えてくれます。

私もネイティブ・アメリカンと同様、霊魂の不滅をかたく信じています。それは宗教心からではありません。アレックス・カレルという偉大なる科学者を通じて、そう信じるに至りました。

カレルは一九一二年にノーベル生理学・医学賞を受賞した有名な外科医で、体液さえ新鮮ならば組織は死なないと主張し、鳩から取り出した心臓を生かし続ける実験をしました。

鳩の心臓は三十何年間生き続けました。心臓が死んだのはカレルの死後で、どうも彼の跡を継いだ人がちゃんとケアしなかったようです。

カレルが若い頃、フランスで〝ルルドの奇跡〟が大きな話題になっていました。ルルドの奇跡というのは、南フランスの貧しい農家の娘ベルナデッタが、彼女の前に突如あらわれたマリア様に言われたとおりの場所を掘ったところ水が湧き出て、その水に触れた病人たちがたちどころに回復したというものです。

ローマ・カトリック教会は二〇〇〇年の歴史がありますから、そういうものには慌てて飛びつきません。奇跡の認定には非常に慎重で、念入りに調査します。

そんな時にカレルも巡礼団についてルルドに行きました。すると、結核か何かで肺が侵されていて、とても生きて帰れないだろうと思われた重体の病人がルルドの水に触れたところ、ほんの十数秒の間にカレルの目の前で全快したのです。

カレルはそれを報告書に書きましたが、当時の唯物論的なフランス医学界の中で「バカなことを言うやつだ」とさんざん非難され、いたたまれずにアメリカへ渡りました。ロックフェラー研究所に入って、後にノーベル賞をもらいました。彼は同研究所で野口英世と一緒に仕事をしたこともあります。

カレルはノーベル賞をとるほどですから、もちろん超一流の自然科学者ですが、晩年、ルルドの奇跡について、「病人本人はルルドの奇跡のことは知らない場合でも明らかに他人の祈りだけで奇跡的に器質的な病気があっという間に治《ち》癒《ゆ》する場合もある。催眠術的に治ったのではない」という主旨のことを書いています。

霊魂は自分の最高の状態のまま、あの世にとどまる

もう一人、私が非常に尊敬する人にアルフレッド・ラッセル・ウォーレスという人がいます。ウォーレスは今のインドネシアあたりで五〜六年間の採取活動を行い、一万種以上の新種を発見して進化論の原則を発見し、その論文をダーウィンに送りました。ダーウィンは、自分が考えつかなかったことを全部整理しているウォーレスの論文を読んで驚き、翌年、慌てて『種の起源』を発表しました。ダーウィニズムは本当はウォーレスのイズムなのです。ウォーレス自身はその頃ボルネオあたりにいたため、ダーウィンが彼の影響を受けたことは知りませんでした。

進化論は、リンネ学会の雑誌にウォーレス＝ダーウィンの共同発表という形で発表されました。その後、ダーウィンが『種の起源』を書いたことになっているのですが、研究者によると、リンネ学会誌におけるダーウィンの発表は、自分の研究の中間報告にとどまり、まだダーウィニズムになっていないのに対して、ウォーレスの発表は序

論から最後まで一貫していわゆるダーウィニズムになっています。

ウォーレスは、みずからの観察により、ダーウィンがまだ到達していなかった種の起源の原理まで発見した人なのです。実は私は、ウォーレスとダーウィンの論文が「種の起源について」という項目で一括発表されたその号のリンネ学会誌を持っています。これは大枚をはたいて手に入れました。

ウォーレスがロンドンに帰ってみると、心霊現象研究が非常に盛んでした。ウォーレスも興味を持ち、心霊現象研究に取り組みました。彼は自然科学者ですし、当時はキリスト教会をはじめ、あらゆる宗派から離れていましたから、信仰から心霊現象研究に取り組んだわけではありません。自然科学的にありとあらゆる調査をしました。そして、霊魂は存在するという結論に達しました。

彼はダーウィンよりも早く進化論を完成させ、バリ島とロンボク島の間の狭い海峡に、動植物分布地理学のそもそもの始まりと言える、アジアとオーストラリアの動植物の分布を分ける線（ウォーレス線）を発見し、後に世界最初の動植物分布地理学の本を著しました。これは二巻の大著です。これだけの業績がある偉大な自然科学者なのに、「心霊現象はある」と言ったために、彼は自然科学界から葬られてしまいました。

しかし、彼は最後まで偉大な学者であり続けました。一九一二年にイギリスのピルトダウンで頭蓋骨が発見され、類人猿と人間の間をつなぐいわゆるミッシングリンクに当たる骨だということで大騒ぎになったことがありました。世界中の人類学者がそれを大発見と認めた中、当時九〇歳のウォーレスだけが「そんなものがあるはずはない」と断言したのです。

戦後、炭素14年代測定法で測定したところ、その頭蓋骨は新しいもの、古いもの、いろいろな年代の頭蓋骨の組み合わせであることがわかりました。世界の学者の中で九〇歳のウォーレスの洞察だけが正しかったのです。

その彼がいろいろ調べて霊魂はあると結論しました。晩年の彼の考えは、この世にあらわれる霊魂はたいした霊魂ではない。偉大な霊魂はこの世に未練がないので、われわれの前にあらわれ、心霊現象としてちょっかいを出したりはしないというものです。

霊魂が存在するということは彼の不動の信念でした。自分の霊魂があることを確信し、自分の母親の霊魂の写真まで撮っていますから、彼は非常に平和な気持ちで亡くなりました。

ウォーレスはカトリックではありません。プロテスタントでもありません。カレルは最後にカトリックになりました。いずれも一人は医学、一人は博物学において当時も今も最高の評価のある学者が、信仰からではなく、科学的な興味で実験に実験を重ね、霊魂はあると確信しているのですから、私もあると考えています。

死後の世界においては、霊魂はその人の達し得た最高の発達段階にとどまるとされています。ボケて死んだとしても、ボケたのは脳細胞という肉体であって、その肉体が失われるだけであり、霊魂は最高に発達した段階のまま残るとされるのです。

となると、死ぬまでおのれを高める自己修養の努力をしたほうがいいということになります。

私はまだやりたいことがたくさんあり、今はまだ死にたくはありませんが、霊魂は不滅であり、自分の最高の状態のまま霊魂としてあの世にとどまることをすべての人が信じられたら、世の中に悪い人間はあまり出なくなるのではないでしょうか。

おわりに（『老年の豊かさについて　〜生を愉しみ、老いにたじろがず』再録）

「あなたはまだ若僧なんだから」

当時九十二歳の漢字学の泰斗《たいと》である白川静先生はいたずらっぽい笑顔でそう言って私を励まされた。先生との対談で単行本を作らせてもらった際のことである。

その時、私はもう七〇歳を超えた名誉教授であったのだから、その巧まざるユーモアに同席していた編集者たちも笑った。九〇歳を超えられても毎日孜孜《しし》として研究と著述に励んでおられる白川先生から見れば、七〇歳をちょっと過ぎたぐらいの私は〝若僧〟に見えてもおかしくない。

白川先生のような方は別格としても平均寿命はめざましく長くなった。唐の詩人杜甫がその七言律詩「曲江」の中で、「人生七十古来稀《マレ》ナリ」と言ったのは、日本で言えば『萬葉集』ができた頃だから、その時代に七〇歳の老人と言ったら神秘的なほどの長寿で、本当に稀だったのであろう。今なら百歳ぐらいに当たると思われる。

現代の日本では七〇歳は平均寿命にも及ばない。今年でようやく七十四歳の私に「老年」を語る資格はまだなさそうに思われる。

それにもかかわらず古代ローマの賢人が残した老齢についての本と同じような表題の本を書くことになったのはなぜか。

それは出版社の巧みなお誘《さそ》いによることが直接の動機であるが、そのお誘いに乗るような気になったのは、やはり私なりに「老齢というもの」を語ってみたいという観察や反省や感ずるところがあったからであろう。

先ず人には急に成長し、急に老いる年齢というものがあることを私は痛感するようになった。この前まで子供だと思っていた少女が、突如として輝くような若い女性になっているのを見て驚いたことのある人は少くないと思う。昔から「鬼も十八、番茶も出ばな」と言ったのはよくわかる。

逆に昔の教え子が、つまり若々しい女子大生だった人が偶然出会ったら、お婆さんみたいになっているのを見て驚くこともある。私自身を反省して言えば、自分の肉体的発達が停まったと感じたのは二十八歳の頃で、精神的・肉体的に大きな変化があったのは六十五歳前後だったと思う。

個人差はあるが、ある時期にプラスの方向に急速な変化を起こし、またある時期にマイナスの方向に急速な変化を起こすことが一般に見受けられるように思う。マイナスの変化が激甚《げきじん》であれば死亡ということになる。

昭和五年（一九三〇）生まれの私の中学の同級生の三分の一近くはすでに鬼籍《きせき》に入っているし、小学校の同級生ならその死亡率はもっと高いような気がする。

急に成長する時はそれに対していろいろ反省したり工夫することはあまりしない。しかし、老化に向かう時は考えざるをえない。

幸田露伴を若い頃から愛読していたこともあってか、私は自分自身の老化や変化のみならず、周囲の人の老化や変化にも深い興味をもって観察してきた。そして老化について言えば、露伴の言う「逆順入仙」（注）「順に逆って仙に入る」——「だんだん年をとって老いていくのは順である。ところが、仙人のように、普通に年をとらずに、あえて逆らっていく人もいる」の意）。があてはまると確信するに至っている。人間は老化し、ついに死ぬことは避けられないことである。

「人間」のことを英語では多少ふざけてmortal《モータル》と言うことがある。

この単語の語源はラテン語mors《モルス》（死）から来ている。だからmortalは「死すべき者」というのが原義である。しかり、人間はみな「死すべきもの」である。

そんなことはわかっている。しかし死ぬまでの時間を、延長したり、また延長した時間をよりよく生きる工夫があるのではないか。そういう工夫をやった人は昔から多くあった。また、そうするために有効な方法の研究も最近では進んでいる。そういうことに比較的若い頃から関心を持っていた人と、そうでない人とでは、還暦前後からの老いの緩急の度合や、老いの質が違ってくるのではないか——というのが私の観察するところである。それは従事してきた仕事の種類にもよるが、若い時からの「平生の心がけ」が老齢にさしかかってから大きな差を産むことに違いはないであろう。

今から三〇年ほど前に私は『知的生活の方法』という本を出した。これは私が理想とする生活と、私より更に若い学者や大学院生に対するアドバイスを主題として書いたものであった。ところがそういう若い人たちからばかりでなく、私の父親の年齢のような人たちからも感謝の手紙が寄せられた。ある財界人は、読書や陶芸への興味があったが、書斎を持ってなかった。日本の一九七〇年代はまだまだ社会主義的な風潮が社会に漲《みなぎ》っていて、私有財産に対する罪悪感さえあった（中国の共産党政権が私有財産尊重の憲法を制定する時代になったことを考えると、転《うた》た今昔《こんじゃく》の感に堪えない）。

しかしその人は二十数歳も年下の私の本を読んだ結果、立派な書斎を作り、絵を画《か》く空間も増築した。それで帰宅するのが楽しみになり、余計な会合に出て酒を飲むのも激減し、体の調子もよくなった、と私にお礼を言われたことがある。

あの本はいわば私の「若書《わかが》き」であったが、当時の私の本音を書いたので、若い人たちにだけでなく、人生の大先輩たちのお役にさえ立ったのであった。

本書はもちろん私より若い人たち、つまり初老から還暦、あるいは還暦から古稀ぐらいの人を相手に座談するような気持ちで書いたものであるが、ひょっとしたら私よりも年上の人にもヒントになることがあるかも知れないと思う。

私は「老」に関心があったおかげで、九〇歳を超えても若者に劣らぬ知的活動をやっていらっしゃる方と何人も対談させていただくという有難い機会を持つことができた。そして百歳ぐらいまでは肉体を鍛え続けることができること、また壮者を凌《しの》ぐ知的活動もできることを実際に目のあたりに見る機会に恵まれてきた。その人たちは必ずしも若い頃から丈夫だった人ばかりではないというところが面白いと思う。「逆順入仙」とは今はやりの英語で言えば、オプテマル・ヘルスということに通ずるであろう。本書が少しでも「逆順入仙」の道へのヒントとなれば幸甚である。

渡部昇一

本書は二〇〇四年五月、大和書房より刊行された『老年の豊かさについて』を加筆修正し、大幅に改訂したものです。

渡部昇一（わたなべ しょういち）

1930年10月15日、山形県生まれ。上智大学大学院修士課程修了。ドイツ・ミュンスター大学、イギリス・オックスフォード大学留学。Dr.phil.（1958）、Dr.Phil.h.c（1994）。上智大学教授を経て、上智大学名誉教授。その間、フルブライト教授としてアメリカの4州6大学で講義。専門の英語学のみならず幅広い評論活動を展開する。1976年第24回エッセイストクラブ賞受賞。1985年第1回正論大賞受賞。英語学・言語学に関する専門書のほかに『知的生活の方法』（講談社現代新書）、『アメリカが畏怖した日本』（PHP新書）、『古事記と日本人』『日本史から見た日本人（古代編・中世編・昭和編）』（以上、祥伝社）、『渡部昇一「日本の歴史」（全8巻）』（ワック）、『知的余生の方法』（新潮新書）、『決定版・日本史』『名著で読む世界史』『名著で読む日本史』（以上、育鵬社）、『決定版 日本人論』『人生の手引き書』『魂はあるか？』（以上、扶桑社新書）などがある。2017年4月17日逝去。享年86。

扶桑社新書 283

終生 知的生活の方法
～生涯、現役のままでいるために～

発行日 2018年11月1日 初版第1刷発行
2023年1月20日 第3刷発行

著　　者………渡部 昇一
発 行 者………小池 英彦
発 行 所………株式会社 扶桑社
〒105-8070
東京都港区芝浦1-1-1 浜松町ビルディング
電話 03-6368-8870（編集）
03-6368-8891（郵便室）
www.fusosha.co.jp

DTP制作………Office SASAI
印刷・製本………中央精版印刷 株式会社

定価はカバーに表示してあります。
造本には十分注意しておりますが、落丁・乱丁（本のページの抜け落ちや順序の間違い）の場合は、小社郵便室宛にお送りください。送料は小社負担でお取り替えいたします（古書店で購入したものについては、お取り替えできません）。

Printed in Japan ISBN 978-4-594-08077-8